일본을 禁하다

戦後韓国と日本文化(SENGO KANKOKU TO NIHON BUNKA)

by Kim Sung-min

© 2014 by Kim Sung-min

First published 2014 by Iwanami Shoten, publishers, Tokyo.
Korean edition published 2017 by Geulhangari Publishers
by arrangement with the Proprietor c/o Iwanami Shoten, publishers
through Eric Yang Agency, Seoul.

금제와 욕망의
한국 대중문화사
1945-2004

일본을
禁하다

戦後韓国と日本文化
「倭色」禁止から「韓流」まで

김성민

일본
훗카이도대
교수

글항아리

| 일러두기 |

기사, 논문, 보고서, 조항 및 법률, 텔레비전 프로그램 및 영화, 애니메이션은 「 」로, 곡명은 〈 〉로, 신문, 잡지, 단행본은 『 』로 표기했다.

『일본을 禁하다: 금제와 욕망의 한국 대중문화사 1945-2004』(일본
어판 제목: "戰後韓国と日本文化—倭色禁止から韓流まで")가 일본 이와나
미서점岩波書店에서 출판된 지 삼 년 만에 한국 독자들을 만나게 되
어 매우 영광이다. 나는 이 책에서 해방 후 수십 년간 지속된 '일본
대중문화 금지'라는 현상으로 일본이라는 타자를 둘러싼 한국사회
의 억압과 욕망, 그리고 해방 후 한국과 일본의 문화적 관계에 대하
여 말하고자 했다.

　이 책은 일본에서 '한류'가 한창이던 2000년대 후반에 진행을 시
작해 헤이트스피치와 같은 이른바 '혐한'이 극성을 떨치던 2014년
에 출간되었다. 누군가의 말처럼 최선의 시기이면서 최악의 시기였
다. 게다가 일본 독자들에게 익숙한 한류론과 혐한론, 그 어느 쪽에
도 속하지 않는 책이니 얼마나, 또 어떻게 읽힐지 예상하기도 어려웠
다. 우려와 달리 적지 않은 독자들과 만날 수 있었다. 몇몇 언론사와

인터뷰를 진행하기도 했고, 국내외의 여러 강연회와 공부 모임에 초청받기도 했다. 일본 독자들이 공통적으로 반응한 것은 일본이라는 타자를 둘러싼 한국사회의 '중층'이었다. 식민지 시대의 기억과 냉전 체제의 질서, 개발의 욕망과 뒤틀린 한일관계 속에서 복잡하게 얽힌 한국과 일본의 문화적 관계에 많은 관심을 보였다. 그것은 한국사회를 친일과 반일의 단순한 틀로 바라보는 일본의 주류 언론을 통해서는 쉽게 접할 수 없는 것이었다. 나는 양가성이라는 말로도 충분치 않은 이 중층을 통해 일본 독자들이 한국사회와 한일관계를 좀 더 깊이 이해하기를 바랐다.

이제 그 중층을 한국 독자들은 어떻게 받아들일지 궁금하다. 미리 밝혀두자면 나는 이 책을 일본 대중문화에 대한 '금지론자' 혹은 '개방론자'로서의 입장에서 쓰지 않았다. 일본 대중문화 금지는 보다 큰 문제, 즉 해방 후 한국사회가 문화적 정체성을 구축해온 과정을 이해하기 위한 수단이지 그 자체가 목적은 아니다. 서장에서도 강조했듯이, 나는 이 책이 한일관계론에서 습관적으로 등장하는 '한국인의 이중성' 담론을 강화하는 데 쓰이는 것을 경계한다. 오히려 나는 해방 후 수십 년간 '금지'의 합리성과 '개방'의 합리성이 끊임없이 충돌하는 가운데 수많은 모순과 갈등이 생겨나고 다양한 경험과 감정이 쌓여가는 과정을 기술하면서, "결국 문화란 이런 것이다"라고 말하고 싶었다.

정말이지, 문화란 이런 것이다.

아무리 힘을 들여 경계를 긋고, 바깥의 존재를 '위험하고 불결한

일본을 禁하다

것'으로 규정하고 공고한 방어 장치를 작동시켜도, 어느새 뒤섞여 이전에 보지 못한 새로운 것들과 만나게 되는 그 과정이야말로 문화이며, 삶의 방식인 것이다. 그런 의미에서 일본 대중문화 금지라는 현상은 한국 대중문화의 형성 과정이자, 경계를 사이에 둔 일본과의 문화적 관계를 적나라하게 드러내는 역사적 산물이다. 그러므로 그것과 마주보는 것 자체로 지금까지 오인되고 외면되었던 것들을 이해하고 그럼으로써 한국 대중이 여러 억압으로부터 조금이라도 더 자유로워질 수 있을 것이라 믿는다. 나는 진심으로 이 책이 '마주보기'의 좋은 예로 기억되기를 바란다.

이 책의 한국어판 출판은 글항아리와 이와나미서점의 전폭적인 지지와 지원 덕분에 가능했다. 출판을 위해 애써주신 노만수 선생과 한정현, 곽우정 편집자, 글항아리 강성민 대표께 감사의 인사를 드린다. 끝으로 한국과 일본의 모든 동료와 선후배, 지인과 가족에게 머리 숙여 고마운 마음을 전한다.

2017년 6월
홋카이도대학 연구실에서
김성민

차례

제3부 금지는 어떻게 해체되었는가

일본 대중문화와 한국의 포스트식민주의

「우주소년 아톰」은 일본의 TV 애니메이션 「철완 아톰」의 한국어판 제목이다. 1970~1980년대, 필자를 포함한 수많은 한국의 어린이는 「철완 아톰」이 아닌 「우주소년 아톰」과 함께 자랐다. 그런데 일본의 문화 콘텐츠가 정식으로 수입되기 시작한 1990년대 이전까지 아톰은 '국산' 로봇이었다. 텔레비전에서는 한국어로 된 주제가가 나왔고 허리를 젖히면 바퀴가 튀어나오는 멋진 장난감에는 한글이 선명하게 새겨져 있었다. 홍명보가 소속되었던 축구팀 '포항 아톰스'의 마스코트가 아톰이었던 것도 그런 '오해'에서 비롯되었을 것이다. 말하자면 「철완 아톰」의 정식 수입이 금지되어 있던 사이 「우주소년 아톰」이 대신 고도성장과 개발독재기 한국의 하늘을 날아다녔던 것이다.

하지만 이러한 경험은 단순한 해프닝으로 치부할 수 있는 것이 아니다. 오히려 이런 사례들이야말로 20세기 후반, 특히 1965년 국교정상화 이후의 한일관계의 문화적 측면을 구조적으로 나타내주는 하나의 역사적 산물로 이해해야 한다. 1998년에 실시된 일본 대중문화 개방을 한일 간 문화적 단절과 교류의 전환점으로 보는 '공식적인' 한일관계사로는 이해할 수 없는, 금지와 월경이 공존하는 수십 년간의 일본 대중문화 금지 메커니즘이 아톰의 사례에도 깊숙이 내포되어 있기 때문이다.

20세기의 한일관계는 구舊일본 제국 지배에 의한 1945년까지의 '식민지 체제'와 한일기본조약이 체결된 1965년부터의 '65년 체제'를 통해 구축되었다. '식민지 체제'가 제국주의적 질서 아래 지배자 일본과 피지배자 조선에 의한 양자관계를 중심으로 구성되었던 것에 비해 '65년 체제'는 그보다 훨씬 복잡한 것이었다. 미국이라는 압도적인 권력을 중심으로 한 냉전 체제하에서 구舊식민자 일본과 구舊피식민자 한국은 동서의 체제 경쟁과 산업적 근대화를 수행하는 우방으로서, 다른 한편으로는 식민지 시대의 역사를 둘러싼 분쟁이 끊이지 않는 성가신 인접국으로서 끊임없이 포스트식민Postcolonial적 관계를 (재)구축해왔기 때문이다. 체결 단계에서부터 격렬한 반발을 불러왔던 한일국교정상화가 50년이 지난 지금까지 여전히 해결되지 않는 문제들을 남겨놓고 있는 것 또한 65년 체제가 얼마나 어려운 문제인가를 반증하고 있다.

그중에서도 특히 65년 체제의 문화적 성격은 충분히 밝혀지지 않고 있다. 65년 체제가 문화의 영역은 공백으로 남겨둔 채, 정치적·경제적 관계에만 의존했기 때문이다. 그러나 「우주소년 아톰」의 사례가 말해주듯, 김대중 대통령과 오부치게이조 총리에 의한 '21세기를 향한 새로운 한일 파트너십'의 발표와 일본 대중문화 개방이 실시되기 시작한 1998년 이전 '금지의 시대'에도 한국사회와 일본 대중문화는 줄곧 만나왔다. 그리고 그 안에서 많은 한국인이 일본의 만화와 애니메이션, 영화와 소설을 접했던 경험은, 단지 개개인의 기억의 차원에 머물지 않고 지역과 세대를 관통하는 집합적 기억의 일부분으로 축적되어 있다는 것은 누구도 쉽게 부인할 수 없을 것이다.

그렇다면 '금지'와 '월경'이 복잡하게 얽혀 있던 대중문화의 역사를 애매하게 닫아둔 채 전후 한일의 문화적 관계를 이해하는 것은 가능한가? 이 책은 그러한 의문에서 시작되었다.

'일본 대중문화 금지'의 보편성과 특수성

일본 대중문화와 관련된 지금까지의 논의들은 일본 대중문화 금지의 문제를 한일의 문화적 관계와 연결 짓지도 못했을뿐더러 '금지' 자체의 성격에 대한 충분한 이해 역시 얻지 못하고 있는 것으로 보인다. 왜냐하면 외국 문화 유입에 대한 금지가 갖고 있는 보편적인 성격만으로 이 문제를 바라봤기 때문이다.

훨씬 더 큰 규모의 정치 체제를 가진 이웃 국가가 주는 문화적 영향에 대한 두려움, 그 침투를 막기 위한 '경계 구축Bordering'은 역사적으로 봐도 한 국가의 구축 과정에서 빈번하게 일어나는 보편적인 '정체성 정치'의 작업이다. 특히 아시아, 아프리카, 남아메리카 등지에서 수십 개의 국가가 생겨나고 동시에 강대국들의 매스미디어와 자본주의 문화가 급속히 보급된 제2차 세계대전 이후의 세계질서 속에서, 미디어 대중문화의 '경계 침범Trans-bordering'은 강대국에 의한 문화적 지배 및 침략과도 연결되는 중대한 문제로 인식되어왔다. 그런 전후의 세계적인 문화질서, 특히 미디어 공간을 둘러싼 경험과 인식, 감정이 축적된 것이 1960년대부터 유행한 '문화 제국주의'라는 개념이었다.

이러한 맥락에서 보면 일본 대중문화 금지를 '제2차 세계대전 이후 한국의 매스미디어 보급 과정에서 나타난 포스트식민적인 정체성 정치'로 정의할 수 있다. 독립 이후 한국사회에서 구식민자 일본의 문화적 영향력은 일본 제국주의에 의한 폭압적인 문화 통제를 경험한 식민지 시대를 떠올리게 하는 '문화적 위협'으로 여겨졌기 때문이다. 그러나 1960년대 이후 밀접하게 이어져온 한일의 정치적·경제적 관계를 살펴보면, 그러한 정의만으로는 1998년까지의 일본 대중문화 금지의 성격을 충분히 밝힐 수 없다는 것을 알 수 있다. 그것만으로는 '정체성 정치'에 반하는 다양한 경험을 충분히 설명할 수 없기 때문이다.

위의 정의가 가진 한계를 극복하기 위해서는 전후 한일 양국에 작용해온 역사적·지정학적 조건이 고려되어야 한다. 좀더 구체적으로는 한국사회의 문화적 성격을 규정지었던 절대적 요소인 냉전과 미국이 어떻게 작용했는가, 남북 간의 긴장관계와 개발독재에 의한 국민동원, 그리고 산업적 근대화는 어떻게 연관돼 있었나 등의 질문이 반영되지 않으면, 식민지 시대에 규정된 관계로서의 프레임만

일 본 을 禁 하 다

으로 이 현상을 설명해야 하는 근본적인 한계에서 벗어나지 못하게
되는 것이다.

이런 조건들이 왜 중요한지는 역설적으로 지금까지 일본 대중문
화 금지를 둘러싼 여러 현상을 문제시하고자 했던 사람들의 인식이
말해주고 있다. 지금까지의 논의들은 우선 '금지'가 갖는 성격에 대
해서는 묻지 않고 단순히 논의의 전제로만 설정한 채 금지와 월경이
공존하는 현상에 대한 설명을 시도했다. 그럼으로써 '합법과 불법'
'허용과 위반' '종속과 저항'이라는 이항대립적 프레임이 설정되었고,
경험들은 단순한 위반이나 종속으로 혹은 '구식민지 주민의 이중성'
과 같은 기질과 습성의 문제로만 다뤄졌다. 그 결과 일본 대중문화
를 둘러싼 수십 년간의 경험들이 한국에서는 '한류' 이전의 '지우고
싶은 기억'으로, 일본에서는 '혐한嫌韓론'을 떠받치는 '후진성'으로 규
정된 채 애매하게 봉인되어온 것이다.

이렇게 단순화된 설명과 이해에 선을 긋고자 이 책은 일본 대중문
화 금지를 전후 한일의 문화적 역동성을 가장 극명하게 드러내는 현
상으로 설정하고 그 양상을 구조적·비판적으로 살펴나갈 것이다. 이
현상이야말로 한국과 일본, 그리고 양국을 둘러싼 동아시아의 지정
학적 조건들이 생산한 역사적 구성물이며, 뒤틀린 양국의 문화적 관
계를 상징적으로 보여주는 현상이다. 본문에서는 이러한 관점으로
일본 대중문화의 금지와 월경을 둘러싼 여러 경험에 주목하여, '금지'
의 구축 과정(제1부)과 그 메커니즘(제2부), 그리고 해체 과정(제3부)
을 통해 한일 문화적 관계의 성격을 드러낼 것이다.

'금지'의 동기

다시 한번 일본 대중문화 금지의 정의로 돌아가자. 이 금지는 무엇이었는가.

일본 대중문화 금지의 성격과 그 수행 과정, 그리고 그 안에서의 문화적 산물들을 밝혀내기 위해서는 그것을 '탈脫식민화 작업의 성격을 가진 법적인 것'으로 설정해온 지금까지의 관점에서 벗어나 글로벌과 로컬 사이의 역학, 국민 구축의 과정이 갖는 양면성과 혼종성, 냉전 구조 위에 구축된 동아시아 국가들 간의 문화적 관계, 그리고 탈식민화와 근대화 사이의 갈등과 개개인의 욕망이 복잡하게 얽히고 부딪치는 '유동적이고 생산적인 것'으로 이해할 필요가 있다.

한 국가의 정체성이 구축되는 과정은 이질적인 타자와의 상호작용을 통해 지속적으로 경계를 구축·재구축해가는 것이며,[1] 그 상호작용은 집단 간의 문화적 차이를 유지시키는 방법으로 지속된다. 즉 경계를 구축하는 과정은 경계 침범에 대한 의식을 지속적으로 쇄신시켜 그 내부를 사회적 구획으로서 인식시키는 과정이다.[2]

그리고 현대사회에서 이러한 경계 구축의 중요한 요소로 등장한 것이 바로 미디어다. 이 책에서 빈번하게 등장하는 '미디어 공간'은 '매스미디어를 중심으로 한 국가 정보시스템의 구축과 국민문화의 보호, 공통의 이데올로기 생산 등 국가·민족 정체성의 구축을 둘러싼 여러 담론과 실천, 제도가 투쟁하는 장'[3]의 의미를 갖는 '문화 공간'이라는 개념을 미디어로 구체화시킨 표현이다.

그러나 미디어의 글로벌화를 경험하고 있는 현대사회에서 타자의 문화를 금지하고 초국적인 경계 침범을 완전히 봉쇄하는 것은 제도적으로나 기술적으로나 불가능할 수밖에 없다.[4] 예를 들어 영국에 의해 700년 이상 식민지 시대를 경험한 아일랜드에서도 탈식민지 민족주의·국가주의를 바탕으로 한 '탈영국화'를 국민 구축의 중요한 과제로 삼고 영국의 잡지, 영화, 텔레비전, 라디오와 대중음악의 유입을 비판하는 '문화 제국주의론'을 기반으로 수십 년간 미디어의 제도와 담론을 생산했다.[5] 그러나 1960~1970년대 고도의 경제성장 속에서 영국 BBC를 포함한 해외 선진국의 방송을 통해 근대화를 실감한 아일랜드인이 급속하게 늘어나자 아일랜드 정부는 '전파월경Spill over'을 통한 영국 대중문화의 유입을 사실상 묵인했다. 아일랜드에 있어서 영국 미디어의 월경이 한편으로는 '정체성 정치'의 주요 대상이었지만 다른 한편으로는 경제개방 및 매스미디어의 상업화에 절대적인 영향을 끼치는 힘이었기 때문이다.[6]

이런 사례들은 몇몇 특수한 나라에 국한된 것이 아니다. 문화적 영향력을 가진 나라를 인접국으로 두고 있는 거의 모든 (특히 구피식민지) 국가가 경험하는 것이다. 즉 국민·민족 문화National culture라고 하는 것이 근대화의 과정 속에서 어떻게 외부에 노출되고 그로 인한 문화적 충격을 겪을 수밖에 없었는가, 그 과정에서 국가·민족 정체성을 그대로 보전한다는 것이 애초부터 얼마나 어려운 시도였는가를 제2차 세계대전 이후 미디어 대중문화의 보급 과정을 통해 알 수 있는 것이다.

따라서 '정체성 정치'가 작동하는 미디어 공간은 단순히 자국 문화가 외국 문화로부터 엄격하게 보호되는 장이 아니며, 오히려 외국 문화가 활발하게 침투하는 장으로 이해되어야 한다. 외국 문화의 침투에 의한 정체성의 위기7를 둘러싼 불안과 공포, 위기의식과 같은 인식과 감정이 공동체의 문제로 공유되고8 미디어 공간의 '정체성 정치'를 구성하기 때문이다. 즉 탈식민적 미디어 공간의 '정체성 정치'는 '경계 구축'(정체성 구성의 과정)과 '경계 침범'(정체성 상실의 과정)9이 끊임없이 모순하고 갈등하는 과정이며, 이러한 양면성 Ambivalence을 근본적으로 내포하는 '탈식민적 아이러니'야말로10 문화 월경에 대한 '금지'의 핵심이라 할 수 있다.

'금지'의 정의

이러한 관점에서 이 책은 일본 대중문화 금지를 '엄격한 법으로 확정할 수 없는 양면적인 규범'으로 정의하는 것에서부터 출발한다.

근대 이후 사회질서의 정통성을 보장하는 규범을 둘러싼 여러 정의에 따르면, 법은 국가에 의해 제정된 법률과 그것을 실행하는 행정·관리 기관을 필요로 하는 규범이다. 규범의 종류를 '법' '인습' '도덕' 등으로 분류한 막스 베버의 정의에 비춰보면, 일본 대중문화 금지는 명문화된 '법Law'이 아니라 '인습Convention', 즉 제도적 강제가 아니라 위반에 대한 비난의 가능성에 의해 보증되는 관습11에 가까운 규범이라 할 수 있다. 하지만 일본 대중문화 금지는 정당성을 둘러싼 인식과 감정의 사회적 공유는 있었으나 실제로 금지를 수행하기 위한 구체적인 수단과 방법은 매우 애매한 상태로 남아 있었기 때문에, 이 '인습'의 개념만으로는 수십 년에 걸친 금지와 월경의 공존을 충분히 설명할 수 없다.

이러한 맥락에서 이 책은 일본 대중문화 금지를 누가, 무엇이 그 정당성을 보증하는가에 따라 그 의미가 달라지는 '복수의 정당성이 모순·갈등하는 역사적 구성물'로 규정하고자 한다.

일본 대중문화 금지의 정당성은 다음의 네 가지로 분류할 수 있다.

① 구식민자의 문화적 영향력으로부터의 탈각 (탈식민화)
② 매스미디어의 글로벌화에 대한 로컬의 투쟁 (문화 제국주의 비판)
③ 개발을 추진하는 신흥 독립국으로서의 경제적 전략 (산업적 근대화)
④ 공적·사적 검열에 의한 권력의 중층적 작동 (국민화)

이들 정당성의 이론적 근거는 문화인류학, 사회학, 정신분석학, 매스미디어 이론, 문화연구, 포스트식민주의 이론 등 공동체의 경계 구축 과정을 문화적으로 분석한 선행 연구들을 종합한 데 있으나,[12] 무엇보다 이 책이 다루는 '현상'으로부터 끌어낸 것이라는 점을 밝혀둔다.

위의 네 가지 정당성은 하나의 규범으로 정의되는 대신 그대로 나열될 필요가 있다. 제2차 세계대전 이후의 주변 국가들이 자신들의 정체성을 구축해나가는 과정과 그 안의 문화적 규범들은 아무리 국가가 그 전형典型이었다고 해도 각기 다른 양상으로 복잡하게 얽히며 모순하고 갈등했기 때문이다. 다시 말해 '금지' 그 자체가 가지는 보편성은 한국사회에서 전개된 네 가지 정당성의 정당화에 의해 그 특수성을 획득하는 것이다.

이 책은 이러한 네 가지 정당성이 복잡하게 얽혀 있던 '미디어 공간'에서 구축된 일본 대중문화 금지의 메커니즘을 '법 제도' '미디어 실천' '사회적 담론'이라는 세 개의 수준을 통해 밝혀낼 것이다. '금지'는 전후 한일을 둘러싼 다양한 지정학적 조건이 작용하는 가운데 구축되고 수행되고 또 해체된 하나의 역사적 프로세스였다. 그 구축과 수행, 해체의 프로세스에 주목함으로써 '합법과 불법' '허용과 위반' '종속과 저항' 등의 이항대립적 프레임으로는 파악할 수 없는 수많은 경험과 기억을 이해하고 싶은 것이다.

물론 해방 이후의 한국에서 이러한 탈일본화 작업이 진행된 것이 미디어 대중문화만은 아니었다. 예를 들어 학계에서도 새로운 지식의 흐름을 구축하는 작업이 일본과 미국, 글로벌과 로컬, 탈식민화와 근대화, 사회주의와 자본주의 등의 '중층적인 경계'를 통해 진행되었으며 그 안에서 역시 여러 모순과 갈등이 생겨났다. 그럼에도 이 책이 미디어 대중문화에 초점을 맞춘 이유는 이것이야말로 탈식민화라는 국가·민족적 과제로는 담아낼 수 없는 한국사회의 '현대성에 관한 꿈'을 둘러싼 억압과 욕망이 사람들의 의식과 무의식 속에 가장 복잡하게 얽히고 갈등한 장이기 때문이다. 미국과 일본, 한국의 포맷과 콘텐츠, 이념과 일상생활이 복잡하게 섞인 미디어 대중문화는 단지 국경선을 기준으로 한 '우리'와 '그들'을 구분할 수 없는 수많은 경험과 기억이 어떻게 한국의 현대성을 생산해왔는가를 드러낸다.

따라서 이 작업은 미디어 대중문화를 통해 확산된 '과거에 없던 친근함'과 동시에 그 반동이라고도 할 수 있는 '과거에 없던 혐오감'으로 가득 차 있는 지금의 한일 상황과도 자연스럽게 연결될 것이다. 롤러코스터와 같은 한국과 일본의 문화적 관계는 2002년 FIFA 월드컵 및 한류와 더불어 어느 날 갑자기 나타난 것이 아니라 그 대부분이 전후와 해방 후를 통해 경험한 '공통의 문제'이기 때문이다. 즉 오해와 몰이해, 무관심과 망각으로 점철된 공식적인 역사를 재구성하여 한일의 문화적 관계가 만들어온 역사적 프로세스와 그 메커니즘을 밝혀내는 것, 그래서 과잉된 내셔널리즘(민족·국가주의)에 의존한 양국의 공고한 정치적 상상력과 신념에 조금이라도 균열을 가하는 것이야말로 이 책의 목적이라 할 수 있다.

제1부
'일본 대중문화 금지'의 역사적 조건

왜색과 냉전,
한국사회와 일본 문화의 전후 관계는
어떻게 구축되었는가.

—
1장
—
'왜색'의 의미와 '금지'의 형성

일본 대중문화 금지는 해방 후 한국의 포스트식민적 상황을 가장 중층적으로 보여주는 현상이었다. 일본인들이 한반도를 떠난 후 일본 문화에 대한 '금지'는 어떻게 구축되었는가. 무엇이 금지되고 무엇이 허용되었는가. 그 근원에 있는 '왜색'이라는 단어는 과연 무엇인가.

1. '일본 대중문화 금지'의 원점

'혼돈 속의 경계 긋기Bordering on Chaos'

1948년에 출간된 『미국 외교 문서 사료집FRUS』 제6권에 등장하는 이 표현은 '경계'와 '혼돈'이라는 두 단어만으로 한국의 해방 풍경을 실감나게 보여준다. 일본의 패전과 맞물려 맞이한 1945년 8월 15일의 한반도 독립 이후, 미국과 소련에 의한 분단 통치가 시작된 1945년 9월 9일부터 1948년 8월 15일까지의 3년간의 미군정 통치를 거쳐 1948년 8월 15일의 독립 정부 수립에 이르기까지의 불안정하고 혼란스러운 경계 사이에 놓여 있던 한국의 상황을 잘 드러내기 때문이다.

제2장에서 자세하게 다루겠으나, 이 3년간의 해방 공간을 통한 경계 구축의 과정은 단순한 국경선 긋기가 아니었다. 냉전의 전조 속에서 한반도의 북쪽이 소련의 관리 아래 공산주의 국가를 수립하는 동안 남쪽은 미군의 지휘 아래 공산주의를 철저하게 배제하며 미국식 민주주의를 전면적으로 수용했는데, 이는 소련을 중심으로 한 적과 미국을 축으로 한 아군에 의해 구성된 매우 '정치적인 것'[1]이었으며, 적과 아군을 정의하는 작업 자체로 정체성의 문제와 깊숙이 연관된 매우 '문화적인 것'[2]이기도 했다.

해방 공간에서 구식민지 일본에 대한 문화적 경계의 구축 과정은 특히 중요한 과제였다. 해방이 되자 많은 지식인이 식민지 시대 일본화의 흔적을 지우고 문화적 독립을 이루는 것을 민족적 과제로 내

일본을 禁하다

세웠고 그 일본화의 문화적 상징으로 제시된 것이 주로 일본어와 일본(풍)의 문화였다. 조선말을 비롯하여 언론과 표현, 대중문화(연극, 음반, 영화, 출판, 흥행, 전람, 광고)에 대한 금지와 검열이 실시되었던 식민지 시대의 문화 통제로부터 탈피하는 방법으로 일본어와 일본 문화에 대한 전면적인 추방이 제시되었던 것이다.

> 문화의 육성과 발달은 곧 민족의 긍지요, 생활의 정화다. 그러므로 이 위대한 진전의 결과를 두려워해서 일제는 식민지 조선에서 문화에 속하는 일절의 것을 말살하기에 급급초려하여 불원한 장래에 이미 조선과 조선인으로 하여금 최후의 문화동맥까지를 절단하여 버림으로 그들의 정치적 야욕을 완전히 성취하려는 데 이른 것이다. (…) 탄압에 반발한 거대한 탄력에 의하여 우리는 언어를 찾고 성씨를 찾았다.
>
> 「연예문화의 옹호」 『경향신문』 1948. 6. 27.

'왜색倭色'은 바로 그러한 일본화의 잔재를 총칭하는 말이었다. 식민지 시대의 간판과 상표, 민중의 일본어 사용, 음반과 영화 등에서 '민족적인 것의 투명성을 해치는 요소[3]인 왜색이 구분되고 철거, 압수되었다. 당시의 신문들에 따르면 그것은 '식민지 시대의 습관을 버리고 새 나라의 새 백성이 되는' 과정이었다.[4]

'왜倭'라는 말이 부정적이면서도 중층적인 의미로 쓰이기 시작한 기원은 고려와 조선시대의 '왜구倭寇'라는 단어로 거슬러 올라간다.

일본어 간판을 왜색
잔재로 지적한 사진
『경향신문』 1947. 1.
12.

왜구란 13세기부터 15세기 사이에 한반도를 침략하던 왜인들을 가리키던 말이었다. 당시 왜구에 의한 피해로 인해 왜에 대한 금지가 실시되고 왜인의 처리를 둘러싸고 일본국과의 교섭이 행해졌던 것으로 보아, 왜구란 13세기 이후 중국과 일본, 류큐琉球(지금의 오키나와), 한반도를 둘러싼 동아시아의 지정학적 상황의 변천 과정과 함께 고정되기 시작한 개념이라 할 수 있다.5

그런 가운데 왜구에 대한 한반도 사람들의 심정을 지배했던 것은 국경을 넘어 들어오는 것에 대한 공포와 문화적 우월감에 따른 경멸이었다. 이러한 복잡한 심정은 폭압적인 식민지 시대를 거친 해방 이후에도 일본 제국주의에 대한 반감과 공포, 일본에 대한 문화적 우월감과 자존감6으로 나타났다. 식민지 시대의 기억을 불러일으키는 왜색이라는 단어가 민족의 주체성을 훼손하는 키워드이자 위험, 불결, 불길을 표상하는 상징으로 인식된 것이다.

왜색 금지를 둘러싼 모순의 생성

일본 대중문화 금지의 근원적 동기는 일본 제국으로부터 벗어난 해방 공간에서 문화적·사회적 동질화를 시도했던 '국민 형성Nation-building 기획'7에서 찾을 수 있을 것이다. 경계를 침범해오는 타자, 이질자, 침입자 및 그 문화와의 (금지를 포함한) 지속적인 상호작용이

일본을 禁하다

경계 내에서 관습화되고 전통화되는 것은 경계 구축의 주된 방법[8] 중 하나이기 때문이다.

"무엇을 국가·민족과 동질적인 것으로 선별할 것인가"를 과제로 한 한국의 경계 구축 작업은 주로 북한과 일본을 대상으로 이루어졌다. 북한을 타자로 하는 국민 형성의 프로그램은 휴전선 외부에 있는 '적', 즉 공산주의 세력에 대항하는 것뿐만 아니라 공산주의자라는 딱지가 붙은 내부 사람들을 '비非국민'으로 규정하고 구속과 학살 등의 물리적 힘의 행사를 포함한 배제의 대상으로 삼는 것이었다. 1950년에 발발한 한국전쟁 이전에 일어난 제주 4·3 사건(1948. 4)과 여수·순천 사건(1948. 10) 등은 공산주의(자)와의 사이에서의 경계 구축 과정이 한국사회 내부에서 얼마나 격렬한 것이었는지를 잘 말해준다.

한편 일본에 대한 경계 구축은 다음 신문기사가 말해주듯 매우 문화적인 것이었다. 북한에 대한 경계 구축이 공산주의자의 신체 그 자체를 배제하는 것이었다면, 일본에 대한 경계 구축은 식민지 시대를 통해 '일본화의 흔적'[9]이 깊이 각인된 국민 개개인의 신체를 씻어내는 작업이었다고 할 수 있다.

가사만 우리말로 옮겨진 일본 노래가 아직도 거리에 넘쳐흐르고 있다. 그 중심한 것은 군국주의에 또는 소위 '부루스 조調'로 된 퇴폐주의적인 가사와 곡조가 그대로 이곳저곳에서 불리고 있다. 이 얼마나 가련하고도 부끄러운 일인가. 이에 문교부 교화국에서는 음악교육에

중점을 두어 우아하고도 참신한 음악을 제정하고자 준비
중이며 한편 경무부에서는 각 극장, 다방, 악기점 등에서
절대로 저속한 가요를 일소하기에 힘쓰라고 각 관구 경찰
청에 지시하여 엄중 단속하기로 되었다.

「말살하자! 일본색 음악」『동아일보』 1946. 8. 13.

「동아일보」
1946. 8. 13.

이 왜색 일소 운동은 1948년 8월 15일에 대한민국
정부가 수립되고 이승만 초대 정권이 발족하면서 제도
적으로도 본격화되었다. 이승만 대통령이 직접 "일본 제
품의 시장 범람을 막아야 하며 실패할 경우 내무부 당국자를 처벌
하겠다"[10]고 선언하는 등 정부와 경찰, 시 당국에 의한 적극적인 규
제가 실시된 것이다. 한반도 남북이 분단된 채 정부를 수립해야 했
던 이승만 정권에게 반일민족주의는 정권의 민족주의적 이미지를
강화하기 위한 중요한 수단이었다.

"왜색 일소 장려=일제로부터의 독립" 독립 7주년이 되는 이때 일상용
어와 상가의 표찰 등 일어의 잔재가 남아 있으며 일대 수치임으로 관
민합동으로 민족정신 정화 운동에 협조할 것.

「8·15 광복절 기념행사 요강-광복절기념행사결정」『경향신문』 1952. 8. 12.

한국전쟁 이후 비교적 체계적인 규제의 대상이 되었던 것은 대중
문화였다. 1955년에 제정된 '영화 및 연극 검열에 관한 각본의 건'

'영화 검열 요강' '외국 정책 방향 제시' '영화 검열 기준 초안' '외국 수입에 관한 임시 조치 법안' '국산 음반 제작 및 외국 수입 레코드에 대한 음반 검열 기준' 등의 검열 관련 법령들을 이용하여 반일주의적인 검열과 출판물, 영화, 음반수입 통제, 밀수에 의해 유통된 서적, 상품의 압수 등이 실시된 것이다.

그중에서도 특히 영화에 관해서는 '일본 영화의 모방' '일본어' '일본의 의상과 풍속의 영화화' 등을 왜색으로 규정하고 이를 검열했다.[11] 예를 들어 1958년에 문교부가 한국 영화 작가 협회에 보낸 통고문을 보면 그 첫 번째 항목은 다름 아닌 왜색에 관한 내용이었다.

일본 작품을 모작 또는 표절함은 물론 민족정기를 양양하기 위한 만 부득이한 경우를 제외하고서는 왜색의 영화화를 하지 말 것.

(1) 민족정기를 양양하기 위한 경우에도 한 구절 이상의 일본어 사용을 금한다.
(2) 일본의 의상과 풍속의 영화화는 극히 삼가야 한다.
(3) 왜음 가곡의 효과 녹음을 금한다.
　「문교부가 '한국 영화 작가 협회'에 보낸 통고문」 『경향신문』 1959. 3. 12.

그러나 이승만 정권을 거치면서 왜색 일소 운동은 단순히 '일본 제국으로부터의 탈식민화'라는 프레임만으로는 규정하기 어려운 성격을 갖기 시작했다. 이승만 정권이 정권의 정통성을 확립하고 체제

순응적이면서 애국적인 국민을 만들어내기 위한 담론 장치로서 반공과 반일이 절묘하게 결합된 민족주의를 적극적으로 활용하면서 한편으로는 식민 지배 협력자들을 국가기구의 핵심적인 세력으로 등용했던 것이다.[12] 시인 고은은 일본 제국주의 시대부터 1980년대까지 수십 년간에 걸쳐 출세한 김정렬의 인생을 빌려 그 양상을 적어내고 있다.

일제시대 일본 육군 사관학교를 다닌다/일본 육군비행대 중대장/비행전 대장으로/미 해군비행대와 싸운다/그 공중전에서 살아남는다/독립이 되자/잠깐 숨어 있다가/국군 창설에 나타난다/저쪽 언덕에서/이쪽 언덕으로 건너온다/한국 공군 초대 참모총장이 된다/지난날의 적군이던 미군의 친구가 된다/유엔군사령부 한국군사절단 단장/자유당 정권/마지막 국방부 장관이 된다/밤에는 미 대사관 영사와 만난다/청구동 문정관 집에 가 술 한 잔 한다/아침에는 이기붕 의장을 찾아가 문안드린다/낮에는 국회의사당에 불려가/야당의원 질의에 큰소리 지른다/데모 시민을 폭도라 한다/빨갱이라 한다/야당의원들이 연단 마이크를 잡아챈다/그 시대 이승만의 시대 지난 뒤에도/박정희의/공화당 초대 의장/반공연맹 이사장/전국구 공화당 의원이 된다/장차 재계로 실업계로 나아간다/10년의 경제 활동//전두환 군부정권 출범과 함께/평화통일자문회의 수석부의장/전두환의 마지막 총리가 된다/노태우 정권의/한일협력위원회 위원장이 된다//어찌 이런 길고 긴 벼슬인가/어찌 이런/아무런 회한 없는 안전인가/어찌 이런/아무런 고통 없는 영달인가//이 나라 백성의 먹구름 피고름 같은 비애 따위 아랑곳없이/어찌 이런/번들번들한 얼굴인가.

고은, 「만인보」『창작과비평』, 2006, 21~23쪽

즉 이 시기의 탈식민화를 탈식민 운동의 핵심으로서의 문화적 목표, 다시 말해 식민지 체제에 대항하고 대한민국이라는 '공동체의 감각과 실체를 구출해 새롭게 창조하려는 노력'[13]으로 본다면, 반일을 내세우면서도 일본 제국주의 시대를 인적·구조적으로 계승하고 친일파라 불리는 식민지 협력자를 둘러싼 갈등을 확대시킨 이승만 정권의 문화정치를 탈식민화로 이해하기에는 무리가 따른다. "현대 한국에서 보이는 무규범의 원형은 친일 인사의 재기용으로부터 찾을 수 있다"[14]는 사회학자 김동춘의 지적이 보여주듯, 일본 대중문화 금지에서 '국가'는 그 정당성을 보증하는 주체가 아니었다. 일본 대중문화 금지의 정당성의 핵심이 '식민지 시대 청산'이었다면 이 금지는 식민지 시대 청산의 실패와 함께 그 정당성을 상실할 수밖에 없기 때문이다.

독립 직후에 시작된 왜색 일소에 의한 문화적 탈식민화의 움직임은 이처럼 복잡한 정치적 상황 속에서 애매하게 분리된 채 고립되기 시작했다. 식민지 시대의 시스템을 구조적으로 계승한 이승만 정권과 그런 정권을 비판하고 식민지 시대의 올바른 청산을 주장하는 세력이 동시에 왜색 금지를 말하는 가운데, 왜색 금지의 정당성은

금지를 엄격하게 수행하는 것보다 말하고 주장하는, 즉 '명령하는 것' 자체에 의해 보증되기 시작한 것이다.

일 본 을 禁 하 다

2. 탈식민화와 근대화의 기호로서의 왜색

'문화적 침략'으로서의 왜색

왜색의 의미가 중층화되기 시작한 것은 1960년대, 특히 1965년 한일국교정상화를 전후해서였다. 1950년대까지 이승만 정권에 의해 상대적으로 엄격하게 실시된 왜색 일소 운동을 통해 공유되었던 '식민지 시대의 잔재'라는 왜색의 의미는 한국사회에 현대적 미디어 공간이 본격적으로 형성되기 시작한 1960년부터 새롭게 들어오는 일본 상품과 대중문화로 그 대상이 확대되기 시작했다. 그 배경에는 일본 잡지와 소설, 가요는 물론 아지노모토, 조미료, 간장 등의 식료품과 시계, 선풍기, 난로, 냉장고, 카메라, 텔레비전 등 전자 제품에 이르기까지 수많은 '일제'가 백화점을 비롯한 여러 장소에서 소비되던 풍경이 있었다.[15]

4·19혁명이 일어난 1960년대 초반은 미군 기지에서 버려진 재료로 만든 꿀꿀이죽이 상징했던 전쟁과 가난의 경험으로 점철된 1950년대만큼은 아니었으나 여전히 국민총생산GNP이 100달러 전후에 머물던 빈곤의 시기였다. 그런 시기에 현대성의 상징인 백화점에서 일제 구두를 신고 일제 물건을 쇼핑하는 풍경은 당시의 극심한 빈부격차는 물론 '일본 것'을 둘러싼 계급적 인식과 태도의 차이를 극명하게 보여주는 것이었다.

일본 상품의 유통과 소비를 가능하게 했던 주된 루트 중 하나는 부산항을 경유한 밀수였다. 밀수는 1950년대부터 이미 심각한 사회

문제였는데, 의복, 문구류, 보석, 화장품, 음반, 피아노, 파친코(일본식 슬롯머신) 등이 한국인은 물론 일본의 업자들과 미군 등에 의해 흘러들어왔고, 이런 외래 사치품들이 백화점 등에 진열되어 있는 광경은 '애국적인 각성'을 필요로 하는 사회문제로 받아들여졌다.

과거에 우리는 우호국의 원조로 적자 예산을 보전하여가는 처지에서 일부 국민 간에는 턱없는 사치, 허영의 풍조가 휩쓸고 있다. 외국산 양복을 입어야 하고 외국산 화장품을 써야 하고 외국 담배를 피워야 행세하는 그릇된 작풍이 만성적으로 퍼져서 사회의 고질로 화하였다. 이것은 물론 국민 전반에 걸친 병폐는 아니었다. 도시에 위집하여 (⋯) 모리와 모략을 직업으로 아는 자와 그 아류들 썩은 정객들과 악질 관료배들을 지배하는 폐풍이었다.

「민의망국사치족」『경향신문』 1960. 6. 17.

이런 사회 분위기 속에서 1961년 5월 16일에 정권을 탈취한 박정희 군부는 군사 정변 일주일 후 신문 사설에서 밀수를 시급히 개혁할 사회 풍조로 언급한다. 군부가 밀수를 대표적인 구악으로 규정하고 대대적인 단속과 처벌에 나선 것은 '자립 경제'라는 정권의 목표를 선전하고 동시에 밀수에 대한 사회적 불만을 군사 정권 지지로 끌어오기 위해서였다.

그러나 일본 문화 유입에 대한 금지를 언명하면서 한편으로는 일본의 자본과 상품에 대한 개방을 실시한 것에서 알 수 있듯 일본에서 유입되는 물자에 대한 박정희 정권의 태도는 그렇게 단순하지 않았다. 그 양상을 파악하기 위해서는 1960년 4·19혁명에 의해 이승만 정권이 붕괴된 후부터 박정희 군사 정권이 발족하기 전까지의 1년여 동안의 정치적 상황과 사회적 분위기를 이해할 필요가 있다.

4·19혁명은 초대 이승만 정권의 장기 독재 통치에 대한 민중의 저항이었으며 1945년 8월 15일에 이은 또 하나의 해방이라고도 불릴 정도로 중요한 정치적 전환점이었다. 그 영향은 사회 전반에서 나타났는데 특히 이승만 정권의 독재와 억압에 대한 반동이 활발하게 일어났다. 그중에서도 매우 역설적인 현상으로 볼 수 있는 것이 바로 소설을 중심으로 한 일본 문화의 유행이었다. "일본 전후 최대의 화제작! 선풍적 인기리 초판 매진! 재판 전국 일제 발매 중!"이라는 광고 문구처럼,[16] 일본 문학이 줄을 이어 번역, 출판되며 이른바 일본 문학 붐을 일으킨 것이다.

앞서 살펴보았듯이 이승만은 반일 민족주의를 주된 통치 수단으

『동아일보』 1960. 10. 17. 1면 광고

로 이용했다. 그러나 미국이 일본에 대한 우선적이고 전면적인 지원
을 통해 일본을 중심으로 한 자유주의 진영의 냉전질서를 구축해나
가는 가운데, 극단적인 친미주의자였던 이승만의 반일주의는 구체
적인 실천을 수반하는 정책보다는 민족주의에 호소하는 감정적 슬
로건에 머무를 수밖에 없었다. 4·19혁명 이후 1960년대 초반의 일
본 문학 붐은 일본이라는 타자 그 자체에 대한 인식과 태도의 변화
라기보다는 이승만 정권의 감정적 슬로건으로서의 반일주의에 의해
실시되었던 엄격한 검열과 규제에 대한 문화적 반작용이라고 할 수
있는 현상이었으며, 이때의 일본 문학은 '단지 이웃 나라 식민지 종
주국의 문화가 아니라 국경을 넘는 문화적 현대성의 매개'[17]였다고
할 수 있다.

일본 대중문화를 둘러싼 이런 경험은 한국사회가 4·19혁명 이후
의 짧은 봄春을 마치고 군사 정권의 통치하에 놓이게 되면서 한층
복잡한 형태로 전개된다. 반일주의가 다시 군사 정권의 중요한 통치
수단으로 활용되는 가운데, 1965년의 한일국교정상화라는 한일관계
의 커다란 전환점을 맞게 된 것이다.

1965년을 전후로 한국사회는 묘한 분위기로 가득 차 있었다. 한
일국교정상화에 반대하는 움직임이 전국적으로 전개되는 한편에서
일본의 문화와 상품이 밀수, 유통, 소비되었고, 다시 그에 대한 비판
과 반발이 확산되는 등 일본에 대한 인식과 태도를 둘러싼 모순과
갈등이 사회 전반에 퍼져 있었다.

박정희 정권의 애매한 태도는 이러한 혼란을 한층 더 복잡하게

일본을 禁하다

만들었다. 아무리 반일주의를 통치 이념으로 활용했다고는 해도 한일국교정상화를 통해 경제 발전을 추진하고 정권의 정통성을 확립하고자 했던 군사 정권이 이승만 정권의 '왜색 일소 운동'과 같은 적극적인 금지 조치를 취하는 것은 사실상 불가능했다. 무엇보다 한일 간의 국교가 정상화된다는 것은 여러 영역에서의 대일對日 개방을 의미하는 것이었고, 그것을 증명하듯 텔레비전, 라디오 등의 전자 제품이 정식으로 수입되기 시작했다. 즉 1965년의 한일국교정상화를 전후로 일본 대중문화와 일본 상품이 구분되기 시작하면서, '(정식 수입된) 라디오에서 일본 노래가 흘러나오는 것은 금지되어 있으나 그 곡이 수록된 음반은 밀수되어 레코드 가게에서 버젓이 판매되는 모순'[18]을 내포한 '일본 대중문화 금지'의 구조가 본격적으로 구축되기 시작한 것이다. 그것은 한일국교정상화에도 불구하고 대중문화를 금지의 영역에 둔 아이러니가 낳은 결과이기도 했다.

이러한 상황 속에서 '일본 문화의 범람'에 대한 묵인에 가까운 정부의 대응을 두고 우려와 불만이 높아지면서 일본 대중문화를 둘러싼 담론이 활발하게 구축되기 시작했다. 특히 많은 지식인과 언론은 건전한 문화의 향유와 생산의 주체로서 '중산층 집단의 확대'를 한국 문화의 시급한 과제로 설정함과 동시에 '천박한 일본 문화의 범람' '문화적 종속' '빈곤한 문화적 취향' 등을 당시 한국 문화의 심각한 문제로 지적했다.[19] 구일본 제국에 의한 폭압적인 문화 통제의 기억과 막대한 일본 자본에 의한 문화적 침투에 대한 불안과 공포로 만들어진 사회적 담론이 한일기본조약 발표를 전후로 생겨난 묘한 사회적 분위기 속에서 일본 대중문화 금지를 구성하는 주요 요소로 부상한 것이다.

동시에 문화비평의 장에서는 왜색 문화를 둘러싼 담론이 생산되기 시작했다. 특히 지식인들에 의한 왜색 문화론은 일본에 대한 부정적인 타자 이미지와 새로운 매스미디어 및 대중문화에 대한 경계와 경멸적 시선이 접합된 형태로 전개되었다. 해방 공간에서의 왜색 문화비평이 '해방 후에도 남아 있는 식민지 시대의 문화적 잔재'를 가리키는 것이었다면 1965년 전후의 왜색 문화론이 비판했던 것은 주로 '해방 이후 매스미디어를 통해 새롭게 침투하여 식민지를 경험하지 않은 젊은 세대까지 유혹하는 문화적 침략'이었다.[20]

왜색 문화 비판의 (재)생산

그러나 왜색 문화에 대한 비판, 일본 자본 유입에 대한 우려, 소비주의와 향락주의에 대한 끊이지 않는 자조 속에서 사람들의 신체와 감각, 욕구는 담론 공간의 그것과는 다른 형태로 움직였다.[21] 일본의 신문과 잡지, 일반 서적의 소비는 계속 증가했고 일본 가요가 흘러나오는 다방과 일본식 요정이 유행하는 서울 풍경은 낯설지 않았다. 이러한 왜색 문화를 둘러싼 담론과 실천의 모순과 갈등은 더 이상 해방 공간의 왜색 일소의 맥락 위에서 설명할 수 없는 것이었다. 그것을 상징적으로 보여주는 사례가 바로 일본 상품 불매 운동이다.

대학생과 시민단체를 중심으로 확산된 일본 상품 불매 운동은 한일국교정상화를 추진하던 박정희 정권에 대한 반발이자 당시 일본 상품 소비를 주도했던 상류층과 고위 관료, 독립 후에도 권력을 유지하던 식민지 협력자 세력에 대한 비판이었다. 1950년대까지의 왜색 금지가 정부라는 검열관과 법적 규제에 의해 비교적 엄격하게 수행되었던 것에 비해 1960년 4·19혁명 이후에는 일본 대중문화를 둘러싸고 중층화되는 욕망과 그것을 통제하는 주체가 애매해졌다. 일본 상품 불매 운동은 일본 대중문화 월경의 실체를 감시하고 고발, 검열하는 주체가 정부의 차원을 넘어 다중화됐음을 보여주는 사례다.

연세대학교 단식투쟁위원회는 29일 하오 5시 일본의 경제적 침략을 분쇄하기 위하여 '일본 상품 불매 운동'을 전국적인 범국민 운동화하기로 결의했다. 동투위는 국민의 주체성을 잃고 일상사에 아부하는 재벌과 조국을 왜놈들의 상품시장화하려는 악질 친일파들을 규탄하고 다음과 같은 6개 항목의 실천 목표를 세우고 일제를 위시한 왜래 사치품 배격운동을 확대하기로 이날 결정했다. ① 전국 중·고·대학생을 상대로 일제 배격서명 운동 전개 ② 대한부인회를 통한 소비자층의 불매 운동 호응 호소 ③ 일반시민을 상대로 가두 계몽 ④ 무의촌 순회 진료 실시 계몽 ⑤ 국산품 질적 향상 촉진 운동 ⑥ 신문 방송 등 '매스컴'을 통한 국민에의 호소

「일본 상품 불매 운동」『조선일보』1965. 6. 30.

국가·민족 정체성의 문제로서 왜색이 비판되는 것과 일본 대중

문화가 유통, 소비되는 현실은 하나의 통일된 담론으로는 파악할 수 없는 현상이었다. 당시 한국사회에서 생산된 ① 왜색과 민족의 순결을 대비시키는 민족·국민적 담론 ② 침투해오는 일본 상품을 둘러싼 사회 계층 간의 문화자본을 문제시하는 사회적 담론 ③ 저속한 대중문화의 확산을 우려하는 문화론적 담론 등은 단순히 '구제국에 의한 문화적 침략'에 대항하는 하나의 집단의식으로 통합할 수 없는 것들이었다.

과거의 기억과 현재의 불안, 미래에 대한 공포를 자극해온 이 담론들이 상이한 주체와 경험에 의해 재구성됨으로써 해방 공간으로부터 1950년대까지 그 자체로 탈식민화를 상징하며 하나의 덩어리를 이루고 있던 왜색 담론에도 균열이 생기기 시작했다. 식민지 경험의 기억이 선명히 남아 있는데도 왜색의 침투와 확산이 '구제국주의의 잔재'이면서 새로운 '문화적 침투'로서 문제시된다는 것은 법적인 것에 가까웠던 기존의 왜색 금지 메커니즘에는 존재하지 않았던 일본 대중문화를 둘러싼 새로운 주체와 욕망이 생겨났음을 의미하는 것이다.

그렇다면 정치적으로는 한일기본조약이 체결되고 경제적으로는 고도성장의 출발점에 섰으며 문화적으로는 미디어 문화산업이 형성되기 시작한 1960년대 한국에서 이루어진 일본 대중문화의 월경 역시 이러한 새로운 주체와 욕망을 통해 이해해야 하지 않을까. 일본이 향수하고 있던 고도성장의 열매, 풍족한 서구식 생활 양식과 새로운 미디어 대중문화를 통해 전파되는 현대성이 작동했던 한국사회의 욕망의 문제로 파악해야 하지 않을까. 당시 대표적인 교양 잡지였던 『사상계』지면[22]에서 왜색 문화와 일제 상품이 욕망과 위험을 가져오는 '아편'으로 비유되고 있던 것도, 한국사회가 안고 있던 그러한 무의식의 욕망을 감지했기 때문이 아닐까.

일본 대중문화는 '금지' 담론을 생산하는 정치 영역에서는 접촉이 허용되지 않는 '위험한 손님'이었지만, 실제 대중문화를 둘러싼 경제적·문화적 현장에서는 매우 복잡한 시선과 욕망이 중층적으로 투영된 대상이었다. 한국사회에서 일본 대중문화에 대한 금지와 월경이 동시에 작동했던 근저에는 경제 발전과 근대화의 상징의 척도였던 자본주의 문화와 그것이 생산하는 현대성을 둘러싼 욕망이 강하게 작용했던 것이다.

3. 규율과 동원의 수단으로서의 왜색

박정희 군사 정권과 왜색

군사 정권으로서의 정치적 정통성을 획득하기 위해 경제적 기적을 달성해야만 하는 부담을 안고 있던 박정희 정권에게 한일국교정상화는 일본의 배상금을 이용한 경제성장을 가시화시킨 중요한 전환점이었다. 그러나 동시에 그것은 정치적·문화적 탈식민화를 최우선하지 않는다는 것을 의미했고, 따라서 정권의 지지 기반을 약화시키는 효과를 낳았다.[23] 문화 영역, 특히 대중문화에 대한 박정희 정권의 신중하고 애매한 태도는 그러한 상황을 의식한 대응이었다고 할 수 있다.

물론 한일국교정상화의 분위기가 무르익던 시기에 '한일 제1차 정기 각료 회의'에서 일본 영화 수입 문제가 논의되는 등 한때 박정희 정권이 한일의 문화적 관계에 적극적인 자세를 보였던 것도 사실이다. 1964년에 일본과 제3국이 합동 제작한 영화와 일부 일본 영화의 수입을 실시하기로 했던 것 역시 그중 하나였다.[24] 그러나 일본 영화 수입을 허가하기로 한 정부의 방침은 곧바로 여론의 격렬한 반발에 부딪혔는데, 1960년 4·19혁명 이후의 자유화의 움직임 속에서 일본 대중문화를 둘러싼 사회적 인식이 서서히 누그러지던 것을 생각했을 때 그 반발은 다름 아닌 한일국교정상화에 대한 반발을 의미하는 움직임이었다고 할 수 있다. 결국 '친일 정권'[25]이라는 꼬리표에 커다란 부담을 안고 있던 박정희 정권은 그 방침을 철회하고 일본 영화 수입을 단념하게 된다. 이러한 움직임은 이 시기부터 일본 대중문화 금지가 단순히 국가의 정책이 아닌, 한일국교정상화에 대한 반발이 섞인 한국사회의 복잡한 인식과 감정에 의해 그 정당성이 주장되고 수행되었다는 것을 의미한다. 한일국교정상화와 일본 대중문화 금지가 애매한 형태로 공존하게 됨으로써 이를 명령하는 주체역시 다양화되기 시작한 것이다.

> 정부가 한일 간의 문화인 교류, 일본 영화의 국내 상영 등 문화 교류를 검토하고 있다고 함은 (…) 현정권의 정치, 경제, 문화 분야 전반에 걸친 예속화적인 일본 편중성을 또 한 번 드러낸 파렴치한 행위다.
>
> 김수한(신민당 선전부위원장), 「의제별 채결 내용」 『중앙일보』 1967. 8. 11.

식민지 시대에 있어서 만주군관학교를 졸업하고 일본 육군사관학교를 거쳐 만주 국군 보병 제8단의 소위를 지낸 박정희[26]가 일본에 대해 깊은 친근감을 가지고 있었다는 것은 이미 잘 알려진 대로다. 독립 후 한국사회 일반의 욕망이 미국을 향해 있었던 것과 달리 박정희의 인생과 가치관의 궁극적인 목표는 기본적으로 '일본적 근대화'였다. 실제로 박정희가 내걸었던 조국 근대화 정책도 많은 부분 일본의 근대화 과정을 모방한 것이었다.[27]

박정희 대통령은 서부 영화와 일본 사무라이 영화를 무척 좋아했다. (…) 일본 영화의 수입이 지금과 마찬가지로 금기였던 당시 일본에 파견되어 있던 중앙정보요원, 즉 '남산공사'들은 볼만한 영화를 선정해 외교파우치 편으로 필름을 청와대로 보내는 일이 중요한 업무에 속했다. 외아들 박지만씨의 기억. "아버님이 사무라이 영화를 좋아하신 건 사실입니다. 하지만 사무라이 영화는 1년에 단 한 번, 여름휴가 때 진해 별장에서만 감상하셨어요."

「청와대비서실」『중앙일보』1992. 9. 25.

친일 정권이라는 부담을 안고 있던 군사 정권은 한편으로 '민족적 민주주의' '민족중흥' '한국적 민족주의' '민족주체성' '자율 경제' '자주국방' '국적 있는 교육' 등 국가와 민족을 표상하는 기호들을 강조함으로써 발전주의적 동원과 반공주의적 동원을 통해 정책에 대한 국민의 동의를 구하고자 했다.[28]

사실 박정희가 내세운 민족주의는 분단국가라는 역사적 조건 및 반공주의라는 이데올로기와 모순되는 슬로건일 수밖에 없다. "우리는 민족중흥의 역사적 사명을 띠고 이 땅에 태어났다"라는 문장으로 시작되는 「국민교육헌장」(1968)이 보여주듯, 그럼에도 박정희 정권은 '조국 근대화' 담론과 더불어 정권의 정통성을 확립하고 국민을 훈육, 동원하기 위해 '민족'이라는 기호를 활용했다. 즉 민족주의를 통해 한일국교정상화는 물론이고 여러 개발독재 정권의 정책을 정당화하고자 했던 것이다.[29]

일본을 禁하다

〈동백아가씨〉와 왜색 금지곡

박정희 정권 발족 이후 왜색은 단순히 일본 대중문화를 의미하는 것이 아닌 국내의 대중문화를 통제하는 수단으로 활용되었다. 경계의 외부로부터 유입되는 것에 대한 관리가 불가능해짐에 따라 내부에 대한 검열이 이루어지는 '경계의 전복'이 일어난 것이다.

그 대표적인 대상은 가요였다. 1965년의 한일국교정상화를 전후로 군사 정권은 그에 반대하는 시민사회의 저항을 정치적·문화적 통제를 통해 강권적으로 탄압했다.[30] 한일기본조약이 추진된 1965년부터 실시된 음악 방송 심의는 문화적 영역에서의 탄압을 단적으로 보여주고 있다. 군사 정변 이듬해인 1962년에 설립된 '한국방송윤리위원회'는 1965년부터 '가요자문위원회'를 두고 음악 방송에 대한 광범위한 심의를 실시했는데,[31] 여기서 왜색 금지는 음악 방송의 주요 수단으로 활용되었다.

방송심의위원회가 1981년에 간행한 『방송금지 가요 목록 일람』에 의하면 1965년 2월에 발행된 제1호를 시작으로 1981년 9월까지 16년간 방송이 금지된 국내 가요는 총 787곡이었는데 그중 왜색이 247곡, 일본 노래 표절 46곡, 왜색 및 일본 노래 표절 2곡, 일본어 가요 1곡 등 왜색과 연관된 이유로 방송금지 처분을 받은 곡이 총 296곡에 달했다.

특히 1964년에 발표된 〈동백아가씨〉의 금지는 당시 한국인들에게 커다란 충격을 안겼다. 여성의 한과 슬픔을 그린 이 노래는 가수 이미자가 불러 공전의 히트를 기록했는데 그 인기가 절정에 달했을 때

돌연 '왜색풍風'이라는 이유로 방송이 금지된 것이다. 이 사건은 왜색이 한일관계나 일본 대중문화 차원에서의 문화정치를 넘어 정치적 검열의 수단으로도 활용되었음을 보여준다. 한일기본조약에 대한 여론의 반대가 극심해지자 정권은 당시 가장 큰 인기를 누리던 대중가요를 금지함으로써 자신들이 민족주의자임을 과시하려 한 것이다.[32] 대중문화평론가 이성욱 역시 이에 대해 다음과 같이 비판하고 있다.

《동백아가씨》가 금지된) 이유는 왜색 가요 냄새가 난다는 것인데 누구보다 일본을 좋아하고 일본 장교 출신이면서 청와대 안방에서는 일본 사무라이 영화를 그렇게 즐긴다는 박정희가 '왜색풍'이라는 이유로 예의 노래들을 금지시키는 것은 역설의 극치를 보여준다.

이성욱, 『쇼쇼쇼: 김추자, 선데이서울 게다가 긴급조치』,
생각의 나무, 2004, 136쪽

즉 당시 《동백아가씨》에 대한 금지는 한일국교정상화에 대한 시민들의 반발을 억제함과 동시에 정권이 가지고 있던 친일 이미지를 쇄신하기 위해 실시된 상징 조작[33] 중 하나였다고 할 수 있다. 이것이 가능했던 것은 왜색을 둘러싼 인습이 '사회적 학습'[34]으로서 공동체 내에서 수행되고 있었기 때문일 것이다. 탈식민화를 둘러싼 구조적 모순과 함께 구축된 왜색의 이미지가 한국 대중문화에 있어 하나의 규율로 내면화되기 시작한 것이다.

동시에 왜색을 내세운 국내 음악에 대한 검열과 금지는 '법적인 것'으로서의 일본 대중문화 금지가 붕괴하기 시작했음을 의미했다. 이전의 법적 금지가 전제로 했던 억압의 대상은 일본 대중문화에 대한 대중의 욕망이었다. 그러나 일본 대중문화의 유입에 대해 묵인의 태도를 유지하면서도 여전히 애매한 이유로 국내 대중문화를 검열하는 프로세스 안에서 법적인 것으로서의 금지가 전제했던 욕망은 더 이상 중요하지 않았다. 무엇이 왜색인가, 무엇이 금지의 적정한 대상인가 하는 문제가 중요한 것이 아니라 왜색을 둘러싼 인식과 감정을 이용하여 국내 문화를 억압하고 다시 그것을 통해 인식과 감정을 재생산하는 것이야말로 박정희 정권의 왜색 검열이 낳은 효과인 것이다.

따라서 이 〈동백아가씨〉의 사례는 역사적 구성물로서의 일본 대중문화 금지의 성격을 이해하는 데 있어 매우 중요하다. 해방 공간에서 탈식민지화 작업이었던 금지가 이 시기부터 식민지 시대는 물론이고 해방 후에도 한국사회를 옥죄던 '정치적 검열'의 성격을 이어받기 시작했음을 의미하기 때문이다.

—

2장

—

미디어로서의 미국과 '금지'

일본 대중문화 금지의 사회적 동기였던 탈식민화는 좀더 우선적인 사회적 동기였던 근대화와 갈등하고 모순을 드러냈다. 그 중심에 있었던 것이 바로 한국과 일본을 잇는 압도적인 힘, 미국이었다.

1. 미국의 헤게모니와 냉전적 문화지도

해방 공간과 냉전적 문화 공간의 형성

해방 후 한국의 '경계 구축Bordering' 과정에서 가장 중요한 요소이자 주체는 미국이었다. 이는 이 책이 다루는 '금지'의 문제 역시 냉전 구조라는 조건과 미국이라는 절대적 타자에 의한 압도적인 힘 없이는 파악할 수 없음을 의미한다. 한국의 탈식민화와 근대화는 냉전 체제에 의한 반공/친미주의가 개발독재에 의한 발전주의와 복잡하게 섞이면서 해방 후 대중문화와 일상 속 의식에 강력한 억압으로 작용했기 때문이다. 즉 일본 대중문화 금지를 이해하기 위해서는 한국사회를 둘러싼 여러 포스트식민적인 억압을 고려해야 한다.

해방과 동시에 한국사회에 절대적인 문화적·정치적 영향을 끼친 주체는 구식민자 일본에서 미국으로 급속하게 이행했다. 특히 냉전 체제로의 편입은 그 변화를 가속시켰다. 한국은 미군에 의한 소련 및 공산주의 세력에 대한 최초의 봉쇄가 실시된 국가였다.[1] 한국의 해방 공간에서 이루어진 새로운 국가 시스템이 주변국과의 문화적 경계의 구축 과정에서 식민지 체제로부터 탈각이라는 당초의 목표와 달리 냉전 질서를 최우선 하는 형태로까지 전개되었던 것이다.

이를 구조적으로 뒷받침한 것은 1945년부터 1948년까지의 미군정 시대였다. 해방 직후부터 한국의 사법부, 재판소, 국립 경찰 등을 통한 법질서 구축에 관한 결정은 주로 미군을 통해 내려졌으며 한국화 작업의 주체 역시 한국의 국민이 아니라 미군이었다. 그러나 미군에 의한 한국화는 식민지 시대를 통해 일본인들에 의해 세워진 사법기관을 그대로 한국인들에게 인계하는 과정에 불과했다. 인적 자원이나 조직 구조가 고스란히 계승되어, 미군에 의한 통치가 끝날 때까지 식민지 협력자였던 한국인 요원들의 처리를 포함한 근본적인 구조적 변화는 이루어지지 않았던 것이다.

해방 후 한국사회가 새롭게 구축하고자 했던 국가의 경계는 실제로 냉전 구조의 질서와 미군정에 의해 규정된 군사·정치·이념적 기준에 의해 구축되었다. 그러한 기준은 대일 정책에서 냉전적 전략 과제가 우선시되면서 탈식민화의 주요한 대상이었던 일본 대중문화에도 적용되었다. 일본 대중문화의 월경이 탈식민화의 맥락에서 식민지 지배의 문화적 잔재이면서 구식민지 지배자의 문화적 침략이었다면, 냉전적 전략의 맥락에서는 근대화를 표상하는 기호이자 욕망의 대상이었다. 즉 한편으로는 공포와 불안을 안기는 적대자의 문화이면서 다른 한편으로는 북한과의 체제 경쟁에서 승리하고 동경하는 미국에 다가서기 위한 근대화의 과정으로 인식되었던 것이다.

따라서 한국사회가 '금지'의 담론 공간을 통해 구축한 일본과의 문화적 경계의 성격을 파악하기 위해서는 구식민자와 구피식민자로서의 양국의 관계뿐만 아니라 냉전 구조 안에서 구축된 미국, 북한과의 사이에 존재하는 경계를 함께 검토해야 한다. 수십 년간 유지된 한일의 문화적 관계는 식민지 경험이 낳은 탈식민화와 미국에 의해 만들어진 냉전 구조와 개발독재가 동원한 발전주의 등이 복잡하게 작용하면서 유동적이고 중층적으로 구축된 것이기 때문이다.

미군정의 정치와 미디어의 질서

한국의 통치 주체였던 미군정은 미국의 이념과 가치에 기반을 둔 엄격한 법 제도를 정비하고 영화, 방송, 신문, 잡지 등 모든 미디어에 대한 규제와 검열을 실시했다. 예를 들어 미군정의 OCI(미합중국해외기술조사단)는 1946년에 「영화에 관한 포고령」을 통해 좌익 계열의 영화 제작을 억제하는 동시에 미국식 민주주의를 전파하고자 했는데, 이때 영화 검열의 기준은 민주주의와 미군정의 통치 이념을 침해하는가 아닌가에 있었다. 상영을 희망하는 영화는 공보부의 사전 검열을 통해 허가를 받게 되고 그 기준에 미달하는 작품들은 모두 불법으로 취급되었다. 그 과정은 영화 제작의 전형 중 하나로 작동하여 이후 한국 영화가 다루는 소재와 주제는 미군에 의해 허용되는 영역만으로 한정되었다.[2]

미군정은 공산당 계열 혹은 진보적 민주주의를 표방하는 매체를 폐간하는 등 신문, 잡지 등에 대해서도 강력한 통제를 실시했다. 이런 공격적인 언어 통제는 분단 상태를 유지하면서 한국만의 '남조선 과도정부'를 수립시킨 1947년 6월 이후에도 이어졌다.[3] 동시에 활발한 선전활동이 실시되었는데 OCI는 315톤이 출판된 간행물의 65종, 770만 부가 배부된 잡지, 70회에 거쳐 830만 부가 발행된 『세계신보』 등을 통해 적극적인 반공산주의, 반북한 선전활동을 실시했다.[4] 즉 한국에서 실시된 이른바 문화적 냉전은 이러한 강력한 규제, 검열과 적극적인 선전활동이라는 두 축에 의해 구성되어 미국의 정치적·경제적·사회적 영향력을 확대시켜나갔다.

일본을 禁하다

따라서 미국과의 문화적 관계와 그 이미지는 '냉전적 문화지도' 위에서 확립되었다. 미국에 대한 절대적인 의존과 북한과의 군사적 긴장관계 및 정치적 대립이 동시에 진행된 것이다. 이러한 태도와 전략은 미디어 공간에서 공산주의에 대한 엄중하고 강력한 통제와 검열의 메커니즘으로 나타났다. 철저하게 배제해야 하는 '적' 북한과 공산주의에 대한 금지는 1948년의 한국 정부 수립 이후에도 재생산되고 강화되었다.[5] 특히 한국전쟁을 경험하면서 뿌리내린 반공산주의적 규율이 법 제도는 사람들의 의식과 감정의 차원으로까지 깊이 자리잡아 강력한 지배적 이데올로기로 작동했다.

우방(미국)과 적(북한)이라는 선명한 경계가 그려진 문화지도 위에서,[6] 일본과의 문화적 관계는 반일민족주의로는 파악할 수 없는 복잡하고 애매한 형태로 구축되기 시작했다. 그것은 식민지 시대로부터의 역사적 맥락을 공유하는 것이기도 했으나 무엇보다도 냉전 질서라는 지정학적 조건에 의해 생겨난 새로운 것이기도 했다.

미국이 경계 안으로 들어오면 들어올수록, 그리고 한국이 북한과의 체제 경쟁 속으로 들어가면 들어갈수록, 일본은 삭제하거나 배제할 수 없는 중요한 타자로 떠올랐다. 미국이 공식적으로 내부에 존재하면서 한국의 미디어 공간 그 자체의 형성을 주도한 존재였다면 탈식민화를 위한 배제의 대상이었던 일본은 실제로는 미국을 중심으로 한 동맹국으로서 긴밀한 정치적·경제적 관계를 구축해야 하는 존재였던 것이다.

2. 미군 기지를 통한 '안으로부터의 문화 월경'

미국적 미디어·도시 공간의 형성

해방 후 한국사회의 거의 모든 영역은 '안전 보장'을 둘러싼 이해利害에 의해 결정되었고,7 그 '안전'을 표상하는 '미국적인 것'은 직접적인 헤게모니로 한국의 대중문화와 일상 의식을 잠식했다. 미국으로부터의 민주주의와 자유주의가 의문을 용납하지 않는 이념으로 수용되었고, 서울을 시작으로 전국에 건설된 미군 기지를 통해 미국 문화가 침투했다. 미군 방송 AFKN과 미8군의 위문 무대, 미국 매점인 PX(Post Exchange)를 통한 블랙마켓 등은 일찌감치 경험한 적 없는 미디어 공간과 도시 공간을 만들어냈다. 그 풍경은 1945년부터 1952년까지 GHQ 점령기를 통해 저항할 수 없는 압도적인 힘으로서의 '미군=주둔군'과 그 직접적 작용8을 경험한 전후 일본과도 닮아 있는 것이었다.

미군정기와 한국전쟁을 거치면서 미국은 식료와 의류는 물론 각종 기계설비와 같은 하드웨어를 제공하는 물질적 풍요의 나라로 인식되었다. 특히 미군을 통해 흘러들어온 여러 '물질'은 미국의 구체적인 이미지를 구성했다. 그 이미지는 계급을 구분하지 않았다. 미군의 소비 행위에 의존하던 빈곤층부터 미국 유학을 출세의 필수적인 코스로 삼던 지배계층에 이르기까지 거의 모든 한국인에게 미국은 그 자체로 문명의 전형이었다.9

수도 서울이 미국을 전시하고 소비하는 공간으로 재편되었다면

일 본 을 禁 하 다

할리우드 영화는 시각적 자극을 통해 미국이라는 근대를 체험하는 공간이었다.[10] 공산주의와 북한에 대한 엄격한 금지와 더불어 보수화되어가던 한국의 관객은 서울이라는 도시 공간과 할리우드 영화라는 미디어 공간을 통해 미국화를 강렬하게 욕망하기 시작했다.[11]

한국 대중문화의 형성 과정에서도 특히 미군부대로부터 유입된 미국의 문화적·경제적 영향은 절대적이었다. 예를 들어 일본에서처럼 한국에서도 역시 미군 병사를 위한 클럽과 극장, 기지 주변의 카바레와 바[12] 등이 성행했는데 그곳에 고용된 한국인 뮤지션과 매니저들에게 지불된 금액은 연간 100만 달러에 달했던 것으로 전해진다. 이 규모는 1950년대 한국의 대외 수출액을 전부 합친 것보다 많

「당시 신문에 게재된 미국 영화 광고」『경향신문』 1960. 10. 18.

았다. 인플레이션에 허덕이던 한국 경제에서 미군 쇼는 달러를 획득하는 중요한 원천이었다.[13]

미군 기지를 둘러싼 시스템은 에이전시가 존재하는 체계적인 연예 산업으로 관리되었다. 예를 들어 미8군 밴드 출신으로 한국 록의 전설로 불리는 신중현은 다음과 같이 말하고 있다.

"당시 미8군 밴드는 미국인 엔터테인먼트 전문가에게 6개월마다 평가를 받아야 했다. (⋯) 당시에는 화양, 20세기, 유니버설 등 대형 연예 회사가 군대에 물건을 납품하는 형식으로 연예인을 공급했다. 회사마다 쇼 그룹과 밴드 등 20개 이상의 단체를 거느리고 있었다. 쇼 그룹은 밴드와 함께 무용수나 가수, 코미디언과 마술사 등 여러 가지 연예인이 섞여 있는 팀이고, 밴드는 연주만 하는 팀이었다."

신중현, 『내 기타는 잠들지 않는다』, 해토, 2006, 77~78쪽

이처럼 한국 미디어·도시 공간은 미군을 중심으로 미국화되기 시작했다. 절대적인 물자 공급원이었던 미군의 원조를 배경으로 미국의 상품과 생활 문화가 도시의 소비문화를 지배하고 미군부대를 매개로 한 대중문화가 미디어를 통해 확산되었다. 그 과정은 단순히 미군을 통한 외국 문화의 침투에 머물지 않고 한국인의 생활 양식 그 자체를 재편했다.[14] 식민지 시대의 생활 양식이 해체되고 새로운 세계의 시스템에 맞춰 가공되었다.[15] 식민지 시대의 근대문화가 일본화된 서양의 근대적 생활 양식을 복제한 것이었다면, 냉전시대의 새

로운 대중문화는 미국의 생활 양식을 직접 모방하고 이식한 것이었다.[16] 즉 한국의 탈일본화는 단순히 탈식민화 과정이 아니라 오히려 동아시아의 '일본 제국에서 미국 제국으로의 재편 과정'[17]을 통한 정치적·문화적 동질화이기도 했다.

미군 방송을 둘러싼 미디어·도시·일상 공간

당시의 미국적 미디어 도시 공간을 상징적으로 보여주는 것은 미군에 대한 서비스를 목적으로 한 방송 AFKN이었다. AFKN이 사실상 국내 지상파 방송 채널 중 하나로 기능하면서 미국에서 유행하던 최신 음악과 영상이 전파와 함께 흘러들어왔다. PX를 통해 유통되는 미국 담배와 위스키, 커피, 코카콜라 등이 한국의 도시 공간과 소비생활을 구성하는 중요한 물질이었다면, AFKN은 일반 대중을 가장 쉽게 외국의 선진적인 대중문화로 연결하는 미디어였다.

반공주의와 반일주의가 한국의 국가·민족 정체성을 규정하는 이데올로기로 작동하는 동안 미국은 공식적인 접촉이 허용된 주된 문화적 창구로 존재했다. AFKN의 텔레비전 방송, 할리우드 영화, PX를 통해 유입된 문화상품은 단순히 소비의 대상이 아닌 직접적인 동경의 대상이면서 성취해야 할 근대화의 가시적인 상징이었다. 즉 미국 문화는 단순히 국경을 넘어 들어오는 외국 문화가 아니라 미디어 대중문화의 형성 초기부터 깊이 내재하며 북한과 공산주의 문화에 대한 엄격한 봉쇄정책과 함께 한국 문화를 구성한 강력한 헤게모니의 기재였던 것이다.

그렇다면 전후 한일의 문화적 관계를 단순히 한일의 프레임만으로 설정하고 유입하는 일본 대중문화의 소비를 단순히 구제국에 대한 욕망으로 이해하는 것이 타당한지에 대해 다시 생각해볼 필요가 있다. 한일의 문화적 관계의 배경에는 냉전이라는 보다 절대적인 구조와 미국이라는 보다 압도적인 제국이 존재하고 있었기 때문이다. 즉 한일의 문화적 관계는 미국의 냉전적 전략상 매우 중요한 요소였으며 바꿔 말하면 미국은 수많은 괴리를 내포하고 있던 전후 한일에 있어서 그 괴리를 메우는 '미디어'로서 작동했던 것이다.

3. 한일국교정상화와 일본 문화

'금지해야 하는 타자'를 둘러싼 모순과 갈등

앞서 말했듯이 일본 대중문화 금지는 북한과 공산주의 문화에 대한 법적 금지와는 다른 형태로 변용되었다. 해방 직후부터 여러 영역에서 식민지 지배의 잔재를 제거하는 작업이 전국적으로 실시되었던 것은 사실이나, 반일이 반공과 같은 완전한 봉쇄정책과 '반공법'이나 '국가보안법'과 같은 법적 장치를 가진 금지에 의해 표출된 것은 아니었다.

이러한 차이는 '냉전'이라는 역사적·지정학적 조건을 생각하면 필연적인 것이었다. 특히 '식민지 협력자'들을 정부의 주요 관료로 물려받은 이승만이나 그 자신이 일본 제국 육군 출신이었던 박정희에게 반일민족주의는 민족 정체성을 확립한다는 의미 이전에 정권의 정통성을 확보하기 위해 필요한 이데올로기였다. 그러나 반일과 반공 모두 유효한 통치 이데올로기였음에도 불구하고 반일에 의한 금지에는 반공에 의한 금지를 명령하는 미국과 같은 강력한 검열관은 존재하지 않았다.

사실 반공과 반일은 근본적으로 모순되는 것이었다. 미국의 동아시아 냉전전략의 주된 내용은 일본을 '중핵국가'[18]로 하는 안보 체제와 경제 협력의 구조를 구축하고 그 안에 한국과 대만을 배치하는 것이었기 때문이다. 이와 같은 냉전 체제에서 자유주의 진영의 동맹국이었던 일본의 영향력은 한국에서 해방과 함께 탈피한 과거의 것이 아니라 현재진행형의 힘으로 강력하게 작동했다. 미군정의 대한 對韓 선전 정책의 일부였던 '일제 잔재 청산'이라는 과제를 빼면 한일 관계는 미국의 극동 전략에서 결코 분열되서는 안 될 중요한 축이었다. 즉 철저하게 금지하고 배제한 북한과는 달리 산업적 근대화를 위해 한국 경제가 종속이라 할 만큼 의존했던 일본은 항시 긴밀한 정치적·경제적 관계를 유지해야 하는 냉전의 '동맹국'이었던 것이다.

이러한 역사적 맥락은 일본 대중문화 금지를 단순한 탈식민화의 작업으로는 이해할 수 없음을 다시 한번 확인시킨다. 일본과의 문화적 경계는 탈식민화의 작업이 수행되기 시작한 시점에서 이미 냉전적 문화지도에 편입되면서 재구축되기 시작했고, 북한과 공산주의 문화에 대한 엄격한 통제와 검열과는 대조적으로, 구체적인 법 제도나 정책이 부재한 채 담론에 의존한 형태로 작동했기 때문이다.

그 전환점이 된 것이 제1장에서도 살펴본 대로 1965년의 한일국교정상화였다. 한국과 일본의 국교는 1965년 6월 22일 '대한민국과 일본국 간의 기본 관계에 관한 조약'을 기본으로 '재산 및 청구권에 관한 문제의 해결 및 경제 협력에 관한 협정' '대한민국과 일본국 간의 어업에 관한 협정' '대한민국과 일본국 간의 일본에 거주하는 대한민국 국민의 법적 지위와 대우에 관한 협정' '대한민국과 일본국 간의 문화재 및 문화 협력에 관한 협정' 등이 조인되면서 성립되었다. 이는 『한일 회담 백서』에도 명기되어 있듯 미국의 극동 전략과 정권의 정치적 목적을 우선하여 영토, 역사 등을 둘러싼 여러 미해결 문제와 그것에 대한 한국 국내의 격렬한 반대를 물리치고 진행된 것이었다.

　한일의 국교정상화가 한미일 삼각관계의 연대를 강화하고 국제적인
경제협력관계를 촉진시켜 국가적으로 승공통일을 위한 자유 경제
체제의 확립과 경제적 번영을 이룩할 기반이 될 것은 누구도 부인할
수 없는 사실이다.

대한민국 정부, 『한일 회담 백서』, 1965, 148쪽

　실제로 국교정상화 이후의 한일은 경제뿐만 아니라 거의 모든 분
야의 '교류'를 시작했다. 다만 일본 자본에 힘입은 경제 발전을 통
해 정권의 정통성을 보완하는 것이 박정희 정권의 중요한 과제였
던 상황에서 대중문화의 영역만이 예외적으로 배제되었다. 실제로
1965년의 「대한민국과 일본국 간의 문화재 및 문화 협력에 관한 협
정」은 '문화 협력'에 관한 내용이 사실상 부재했음을 보여준다.

　대한민국과 일본국은, 양국 문화의 역사적인 관계에 비추어, 양국의
학술 및 문화의 발전과 연구에 기여할 것을 희망하여, 다음과 같이
합의했다.
　제1조 대한민국 정부와 일본국 정부는 양국 국민 간의 문화 관계를
증진시키기 위하여 가능한 협력한다.
　제2조 일본국 정부는 부속서에 열거한 문화재를 양국 정부 간에 합
의되는 절차에 따라 본 협정 효력 발생 후 6개월 이내에 대한민국 정

부에 인도한다.

제3조 대한민국 정부와 일본국 정부는 각각 자국의 미술관, 박물관, 도서관 및 기타 학술 문화에 관한 시설이 보유하는 문화재에 대하여 타방국의 국민에게 연구의 기회를 부여하기 위하여 가능한 편의를 제공한다.[19]

또한 1978년에 문화교육부가 외부무 장관에 보낸 「한일 문화 교류 방안」도 문화협정에 대한 정부의 인식을 잘 드러내고 있다.

가. 현재 한일 양국 간에는 한일기본조약에 의거하여 대한민국과 일본 간의 문화재 및 문화협정(조약 제181호)과 합의 의사록(조약 제182호)이 비준 발효되고 있음.
나. 상기 두 개 조약은 문화재 반환 문제를 주제로 하고 있어 타국 정부와 체결한 '문화협정'이라고는 할 수 없음.
다. 일본은 문화협정 체결을 희망하고 있으나 우리 문화의 구조적 취약성과 국민의 대일 감정으로 순수예술부터 단계적으로 교류한다는 입장 때문에 협정 체결이 지연되고 있음.

한국국가기록원, 「한일 문화 교류 방안」, 문화교육부, 1978. 8. 30,
750~1244쪽

당시 주일대사관에서 작성한 자료에서도 문화 영역에서 한일관계를 둘러싼 문제는 1960년대 말부터 1970년대 초에 열린 한일 각료 회의나 한일 의원 간담회 등에서 언급되었을 뿐 정부 차원에서 논의

되는 경우는 드물었다고 밝히고 있다.[20] 냉전 체제의 유지와 개발이라는 목적을 공유하고 있던 두 나라가 문화 영역의 문제만큼은 한일 국교정상화 이후에도 공식적으로는 부재 상태로 놓아두었던 것이다.

그러나 "대한민국 정부와 일본국 정부는 양국 국민 간의 문화 관계를 증진시키기 위하여 가능한 협력한다"고 기술한 「대한민국과 일본국 간의 문화재 및 문화 협력에 관한 협정」 제1조에서 알 수 있듯 일본과의 문화 교류 자체가 부정된 것은 아니었다. 재즈나 대중음악의 인기를 염려하고 오페라의 보급을 한국의 문화적 전진으로 여기는,[21] 이른바 '고급문화와 대중문화'의 프레임으로 문화를 이해하던 사회적 분위기 속에서 유독 대중문화만이 문제시되었던 것이다. '고급문화, 과학기술, 교육 부문의 교류가 확대되는 것을 환영하는'[22] 한편 영화나 대중가요, 만화, 대중 소설 등의 대중문화가 민족 정체성을 침해하는 것으로 규정되었으며, 이러한 대중문화에 대한 사회적 인식과 시선이 이후 일본 대중문화 금지를 구성하는 주된 요소가 되었다.

자본주의 문화와 왜색

지금까지 살펴본 대로 1960년대 한국의 대중문화와 일상 의식은 탈식민화와 냉전 구조라는 이중의 억압 메커니즘이 교착하고 충돌하는 가운데 형성되었다. 대중은 신체 안에 새겨져 있는 일본화의 흔적을 간직한 채 미국화하고자 하는 강렬한 욕망을 표출했다. 특히 일본이 고도성장을 통해 향유하기 시작했던 풍요로운 서구식 생활 양식은 일상생활의 수준에서 동경의 대상이었던 미국에 다가서기 위한 현실적인 모델이었다. 미국이 욕망하지만 실현하기에는 너무 먼 존재였다고 한다면 1950년대 이후 일본에서 확산된 미국적 소비 시스템[23]은 참조와 모방이 가능한 실질적인 모델로서 존재했던 것이다.[24]

'미국적인 것'과 '일본적인 것'을 둘러싼 이러한 욕망과 시선, 전략은 그대로 냉전적 문화 공간으로 흡수되었다. 반공주의·자유민주주의에 기반을 둔 문화적 검열과 훈육이 대중문화와 일상생활을 억압하는 냉전적 문화 공간 속에서, 일본 대중문화는 '미국적인 것'과 함께 욕망되고 향유되었다. 냉전적 문화 공간에서 일본은 구식민자가 아닌 냉전의 동맹국이었으며 전후 일본이 미국을 욕망했듯, 일본 대중문화는 막아야 하는 문화 제국주의가 아닌 미국에 다가서기 위해 모방해야 하는 근대화의 모델이었다.

해방 공간 이후의 탈식민적 문화 공간에서 가장 주된 과제였던 일본 대중문화 금지는 냉전적 문화 공간에서는 우선적 과제도 아니었을뿐더러 준수 가능한 규범도 아니었다. 미군 기지를 중심으로 한 압도적인 미국화의 흐름 안에서 허용되었던 것은 냉전 구조의 질서에 복종하는 욕망과 시선, 전략뿐이었다. 따라서 미국, 일본과의 관계가 강조되는 냉전 구조 안에서 경제 성장과 근대화를 가장 중요한 국가적 과제로 삼은 상황에서 '법적 금지'를 통해 일본 대중문화를 엄격하게 배제하는 작업은 미디어 공간 형성의 궤적과 모순될 수밖에 없었다.

실제로 일본 상품을 취급하는 시장이 형성되어 있는 가운데 대중문화만을 특정하여 금지하는 것은 거의 불가능한 일이었다. 대중문화를 포함한 일본 상품이 그 시장을 통해 활발하게 소비되고 있었기 때문이다. 한편에서는 의복, 문구류, 보석, 화장품, 레코드, 전탁, 전자계산기, 고급 스카프, 시계, 텔레비전과 같은 상품이 미군 PX나 밀수선 등을 통해 유입되어 블랙마켓이나 백화점에서 활발하게 소비되었다.[25] 일본의 신문과 잡지 등을 판매하는 노점이나 일본 가요가 흘러나오는 다방은 해방 공간에서의 왜색 일소 운동을 망각시킬 만큼 급속도로 일상적인 도시 공간의 풍경을 구성해나갔다.[26] 미국이 일본의 구식민지 국가들을 일본 중심의 지역적 무역 네트워크로 통합시켜감에 따라[27] 자본주의 문화로서의 일본 대중문화가 깊숙이 침투하고 있었던 것이다.

그리고 문화산업을 둘러싼 시스템의 부재는 일본 대중문화의 유입에 대한 법 제도의 부재로 나타났다. '문학, 영화, 음악, 방송 등 각 부분과 의식주 전반에서 일본 문화의 대량 침투'[28]를 염려하는 목소리(사회적 담론)가 확산되었으나 일본 상품의 광고가 신문 지면에 게재되는 등 일본 대중문화의 유입을 엄격히 규제하기 위한 수단과 방법(제도와 실천)은 사실상 부재했던 것이다. 특히 일본 광고의 침투는 대량 생산과 대량 소비의 시스템을 바탕으로 한 일본 산업의 '신新시장 개척'을 상징하는 것으로 인식되었다.[29] 경제 개발에 대한 의욕이 전국적으로 높아지면서 왜색은 단순한 '식민지 잔재'만이 아닌 '자본주의 문화'로서, 공포와 동경을 동시에 표상하는 대상이 되었다.

이러한 일본과의 문화적 관계는 한국의 미디어 산업의 구조 그 자체와 밀접하게 연관되어 있었다. 미국으로부터 도입된 시스템에 철저하게 의존하는 형태로 형성된 한국의 미디어 산업은 동시에 국가 주도의 발전주의 논리에 따라 일본으로부터의 기술적·물적 도입을 통해 적극적으로 육성되었기 때문이다.

일본 대중문화의 유입에 대해 실질적·행정적 시스템을 갖추고 있지 못했던 국가는 1950년대와는 다른 태도를 보였다. 공보부 장관이 "정당하고 합리적인 것은 그것이 비록 일본 것일지라도 우리가 취해야겠지만 저속하고 쓸데없는 일본 것은 특히 배격해야 한다"[30]고 주장하고, 국회는 전면적인 금지가 아닌 '왜색의 제거'를 강조하는 등[31] 당시 한일국교정상화를 앞둔 정부의 태도는 전향적이라고도 묵인이라고도 할 수 있는 애매한 것이었다.

그런 가운데 미디어 공간에서의 일본 대중문화의 유입은 눈에 띄게 확대되었다. 전국 라디오 보급 대수가 78만 대였던 1960년에 공보실 방송 관리국에 의해 실시된 최초의 전국 방송 여론조사에 의하면, 일본 라디오 방송을 듣는 사람은 전체의 7.3퍼센트였는데 이는 AFKN의 3.9퍼센트나 VOA(The Voice of America)의 2.3퍼센트를 크게 뛰어넘는 수치였다.[32]

영화 역시 일본의 영향이 매우 구조적으로 작용했다. 1950년대 한국 영화 시장은 할리우드 영화가 지배하고 있었는데 약 80퍼센트는 미국 영화 수출 업계의 아시아 시장 진출 정책에 따라 일본을 경유해 수입된 것이었다. 특히 정기적으로 일본의 영화 잡지 『키네마준

보』나 일본의 전단
지 광고, 포스터 등
을 한국의 업자나
영화 담당 관료에게
제공하던 일본 기업
후지무역不二貿易은

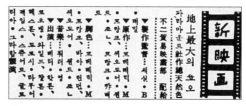

후지무역 영화부가 배급한 「지상 최대의 쇼」 관련 기사
「신영화」 「동아일보」 1955. 4. 27.

일본 영화계의 정보를 한국에 전하는 경로로서 중요한 역할을 했다. 당시 유입된 영화 정보는 그 대부분이 일본의 관점을 그대로 활용한 것이었다.[33]

일본이 미국과 함께 가장 큰 영향력을 발휘한 것은 텔레비전 방송이었다.[34] 군사 정변 직후 박정희 정권이 추진한 KBS(한국방송) 개국을 통해 시작된 본격적인 텔레비전 방송은 일본에서 수입한 수상기 2만 대를 기반으로 했다.[35] 프로그램의 포맷과 내용 역시 다양한 형태로 일본의 영향을 받았다. 무선용 기재를 갖춘 TBC(동양방송)가 1964년에 개국한 뒤로는 일본의 유명 TV드라마의 포맷을 모방하기 시작했고, 당시 방송 현장에서 일본 NHK, TBS, N-TV(니혼 TV) 방송 시스템은 중요한 학습 대상이었다. 또한 일본 애니메이션 「해저소년 마린」이 「마린보이」라는 타이틀로 MBC의 개국 프로그램으로 방영되는 등 어린이 방송에서도 일본 프로그램에 대한 의존도가 매우 높았다.[36] 즉 초기의 한국 방송에 있어 일본 텔레비전 방송은 하드웨어와 소프트웨어를 동시에 제공하는 학습과 모방의 대상이었다.

'미국적인 것'과 '일본적인 것'의 교착

이러한 환경 속에서 한국 문화산업과 정책 시스템이 왜색 문제에 대응하는 것은 사실상 불가능했다. 일본 문화 콘텐츠가 한일 간의 차원만이 아닌 미국 미디어의 차원을 경유했던 것도 그 이유 중 하나였다.

1956년에 미국의 MGM 사가 제작하여 1957년에 일본에서 공개된 영화 「8월 15일 밤의 찻집The Teahouse of the August Moon」이 1962년에 한국에서 상영된 것은 왜색의 침투가 '미디어 보급'의 문제였음을 보여주는 대표적인 사례 중 하나였다.

오키나와를 무대로 주둔 미군과 게이샤와의 이야기를 그려 '농후한 왜색'을 이유로 이승만 정권하에서 영화윤리전국위원회에 의해 반환되었던 이 영화의 수입 추천은 당시 한국 영화계에 커다란 파문을 불러일으켰다. 영화계는 수입 추천을 내린 공보부에 대해 "왜색영화 국내 상영의 가능성과 그로 의한 국산 영화의 위축"[37]을 이유로 항의했다. 상영이 예정되어 있던 대한극장은 1956년에 미국 20세기 폭스필름의 설계로 지어진 당시 최대 규모(1900석)를 자랑하던 한국을 대표하는 상영관이었

대한극장에 걸린 「8월 15일 밤의 찻집」의 간판
「경향신문」 1962. 11. 6.

일본을 禁하다

다. 그런 장소에서 일본의 풍습, 즉 왜색을 적극적으로 그린 작품이 상영된다는 것은 기존의 왜색에 대한 공식적인 방침을 전면적으로 부인하는 하나의 상징적인 사건이었다.

이는 왜색의 딜레마였다. "공보부가 딜레마에 빠졌다"[38]고 한 당시 동아일보 기사의 표현대로, 수입 추천 후 상영 허가를 둘러싸고 국내 영화 제작사와 외국 영화 업계가 격렬하게 대립한 상황에 정부는 크게 당황했다. 어떤 작품에 왜색이라는 꼬리표를 붙여도 그 작품이 'Made in USA'인 이상 수입을 규제할 수 있는 법 제도적 장치 자체가 존재하지 않았기 때문이다. 공보부가 "케이스 바이 케이스로 각 내용에 맞춰서 대응하겠다"는 방침을 정했으나 영화계는 "이율배반"이라며 비판을 이어갔다.[39]

결국 1963년 8월, 「8월 15일 밤의 찻집」이 정식으로 상영 허가를 받자 이후 일본의 풍습을 소재로 한 미국 영화 수입과 국내 영화 제작이 증가하는 등 왜색은 사실상 법 제도적 규제가 불가능한 상황에서 금지해야 하는 까다로운 존재가 되었다.

기모노를 입은 교 마치코京マチ子의 모습이 대한극장의 대형 간판에 그려져 있는 풍경은 당시 한국사회에 상당한 충격과 혼란을 안겼다. 자본주의 문화로서 유입된 왜색을 앞에 두고 한국사회는 피식민자의 감정만으로는 대응할 수 없는 새로운 질서가 닥쳐오는 것을 실감하기 시작했다. 왜색 문제는 문화산업의 영역에서 '금지와 위반'의 이항대립이 아닌 훨씬 더 복잡하고 애매한 방법으로 다뤄졌고, 한국 대중문화산업의 관행적 시스템을 구축하기에 이르렀다.

앞서 살펴본 AFKN도 일본 대중문화 유입 루트 중 하나였다. 일본 영화나 애니메이션과 같이 국내에서는 방송이 금지되어 있는 프로그램이 AFKN을 통해서 방영되었으나 그에 대한 규제는 이뤄지지 않았다. 한국에서 널리 수용되고 있었다고는 해도, 어디까지나 미군을 위한 서비스를 목적으로 한 미국 방송에 대해 한국 정부가 일본과의 관계를 이유로 프로그램을 규제하는 것은 불가능했기 때문이다.

그동안 AFKN의 심야방송에서는 우리나라에서 성 묘사가 지나치다는 이유로 수입을 금해오고 있는 몇몇 영화도 이미 방영되었고 지난 여름엔 영화 「라쇼몽羅生門」도 공개되었다. 주한 유엔군을 위한 TV여서 그 편성을 탓할 수는 없다. 그런 여건을 학부모들이 감안, 채널 선택에 신중을 기하면서 AFKN 가운데 교육적 가치가 있는 우수 프로그램만을 골라 시청케 하는 지혜가 따라야 할 것이다.

「성인 시청용에 엄격한 제동을」『경향신문』 1974. 12. 11.

한편 한국 지상파 텔레비전 방송에서 다수의 일본 애니메이션이 미국산으로 방영되고 있던 것은 '미국적인 것'이 획득한 특수한 지위가 일본 대중문화의 유입 루트로 간접적으로 이용되었음을 보여준다.

한국 TV의 어린이 프로그램은 황당무계한 모험을 소재로 한 미국산 낭만 영화로 압도되고 있다. 예를 들면 「마징가Z」「서부소년 차돌이」「유성가면 피터」(이상 MBC), 「우주 삼총사」「똘똘이 탐험대」(이상 TBC) 등이 이런 유형에 속한다. (…) 한국의 어린이가 미국 만화영화의 주인공과 자기를 일치시키며 현실과의 심리적 거리를 멀리할 때 한국 어린이로서의 주체성을 형성하기는 어렵다.

「주간TV편」『중앙일보』 1975. 10. 18.

다소 도식적으로 말하자면 '미국적인 것'이 유입된 것은 공적이고 공식적인 공간이었으며 '일본적인 것'이 유입된 것은 사적이고 비공식적인 공간이었다. 그러나 이 두 공간은 냉전적 문화 공간 속에서 끊임없이 교착하며 공통의 경험과 기억으로서 축적되어갔다. 많은 한국인에게 국경 안에 존재하면서 동시에 펜스 저편에 존재하던 미군 PX가 '디즈니랜드'[40]와 같은 존재였던 것처럼, 독재 정권의 통제와 억압을 경험하고 있던 당시의 젊은 세대가 공적·사적 공간에서 경험하는 경계 저편으로부터의 일본 대중문화의 유입은 억압에 의해 생산된 다양한 문화적 산물을 통한 문화적 욕망의 투영이었다.

즉 한국사회가 '미국적인 것'과 '일본적인 것'을 둘러싸고 경험했던 상반된 문화적 관계는 그 둘이 교착, 모순되는 텔레비전 방송과 PX, 해적판, 다방 등의 공간에서 중층적인 욕망과 시선, 전략으로 파편화되며 확산되었다. 한국 대중문화와 일상 의식 속에서 구축된 문화적 정체성은 국가권력에 의해 억압된 공적 공간에서의 경험과 기억만으로는 이해할 수 없는 매우 복잡한 경험과 전략의 뒤엉킴의 산물이었던 것이다.

제2부
'일본 대중문화 금지'의 시대

일본 문화가
월경하는 한국의 미디어 공간에서 작동했던 것은
'금지'를 수행하기 위한
'부인否認의 메커니즘'이었다.

—

3장

—

'전파 월경'의 중층과 '금지'의 메커니즘

일본 문화를 둘러싼 경험은 내재하고 있던 일본을 말소시키고자 하는 탈식민화의 과정만이 아니라 인접국으로서 한국과 일본의 현대적인 경계를 구축해나가는 현상이기도 했다. 부산에서 경험한 전파 월경은 그러한 일본 대중문화 금지의 메커니즘을 드러내는 현상이었다.

1. 경계 공간으로서의 부산

일본과 부산의 역사적 관계

한국 제2의 도시 부산은 독립 후 일본과의 현대적인 경계를 실질적인 것으로 실감하게 하는 공간이었다. 식민지 시대부터 일본에서 물질과 사람이 끊임없이 월경하던 지리적인 조건 때문에 부산은 해방 후에도 '이웃하는 정치 체제에 의해 문화적으로 흡수당하지 않을까 하는 두려움'[1]이 매우 비근한 감각으로 존재하는 도시 공간이자 현대적인 미디어 현상으로서의 일본 대중문화 금지의 성격이 두드러지게 드러나는 일상 공간이었다. 금지와 월경이 공존함으로써 생겨난 '금지'의 주된 패턴은 부산에서 만들어졌다고 해도 과언이 아니다.

부산과 일본은 특수한 역사적 관계를 맺어왔다. 1876년 부산의 개항과 동시에 나가사키長崎와 고토五島, 쓰시마對馬島를 잇는 항로를 통해 이주해온 일본인의 수는 한일합병 다음 해인 1911년에 이미 부산 인구 약 4만7000명 중 2만5641명에 달했다. 일본인 사회의 성장과 함께 근대적 외형을 갖추고 서서히 도시화되었던 부산은 해방 후에도 '일본 제국의 잔재가 계속 남아 있는 대표적인 도시'[2]로 인식될 만큼 일본의 영향이 미친 가장 대표적인 도시였다.

당시 부산에 존재하던 주요 사회 문제로 '왜색 잔재' '부랑아' '전재민戰災民' '모리배' 등을 꼽은 다음의 신문 기사를 보자. '부랑아'의 요인으로 일본에서 귀국한 동포에 대한 무신경한 대우, '모리배'의 요인으로 일본-부산 간의 밀수선을 지적한 것에서 알 수 있듯이, 부산이 가지고 있던 문제 대부분을 일본과의 밀접한 관계에 의한 것으로 여겼다. 특히 '왜색 잔재'에 대해서는 다음과 같이 적고 있다.

일제 시의 부산 항구는 제국주의 침략정책의 병참기지였으나 해방 후의 부산 항구는 새조선의 해외 발전 기지로서 화려하게 등장하였다. (…) 그러나 지금의 부산은 씩씩한 약동의 반면에 또한 딴 지방에서 볼 수 없는 우울과 부정의 온상이기도 하다. (…) 기차를 내리자마자 귀에 거슬리는 것은 일본말이다. 왜 이다지도 일본어를 쓰는지? 물론 일본으로부터의 귀환 동포가 많은 탓도 있으리라. 그러나 거리에서 또는 식당에서 아모런 끄리낌도 없이 일본말을 쓰는 젊은 이들을 볼 때 그들의 민족적 양심이 의심될뿐더러 그 철면피에 놀라지 않을 수 없다. 그래도 부끄럽지 않은지? 또 하나 일제가 남겨놓고 간 육군성의 게시판 같은 것이 그대로 길거리에 방치되고 있으며 식당이란 식당은 모조리 일본 요리뿐이다. 일인이 물러간 지도 벌써 이년이나 되지 않았는가. 부산의 관청은 물론 일반 동포들이여! 부산의 수치다.

「새조선의 기지 부산항의 최근 편모」 『경향신문』 1947. 4. 5.

방송사적으로도 부산은 1936년 한국 최초의 지방 방송국의 설립을 시작으로 식민지 시대부터 중요한 위치를 점하는 도시였다. 특히 한국전쟁 중에는 부산 방송국이 '대한민국 중앙 방송국'으로 중앙 방송의 기능을 담당,[3] 전국의 방송관계자와 문화인을 포함한 각 분야의 전문가들이 부산으로 집결하기도 했다.⁴ 다른 지역에서는 경험할 수 없는 특수한 현상들이 부산이라는 도시 공간을 구성했던 것이다.⁵

즉 부산은 하나의 '경계적 공간'이었다. 그 경계가 의미하는 것은 한국과 일본의 사이만이 아니었다. 식민지 조선과 해방 후 한국의 사이, 전쟁이 가져온 피해와 특수特需 사이, 그리고 서울이라는 중심과 주변으로서의 부산의 사이 등 중층적 경계가 부산이라는 도시 공간 안에서 구축되고 교착했다. 그리고 이 경계적 공간에 가장 현대적인 '경계 침범Trans-bordering'으로 존재한 것이 바로 일본으로부터의 '전파 월경'이었다.

'전파 월경'이란 무엇인가

전파 월경Spill over이란 '월경하는 정보 및 방송에의 국가의 감시와 규제의 권리를 둘러싼 선진국과 개발도상국 사이의 힘겨루기'⁶를 보여주는 것으로 미디어 보급 과정의 보편적인 문화 현상 중 하나로 이해할 수 있다. 그러나 월경하는 전파는 특정한 선진적 국민 경제와 문화에 기반을 두더라도 그 전체의 목적은 국경에 의한 제약을 받지 않기 때문에⁷ 결국 "어떤 국가 간의 관계인가"라는 특수성에 의해 그 양상이 크게 달라진다. 즉 방송이 대중적인 미디어로서 확산되기 시작한 이래 전파 월경은 전 세계에서 공통된 경험을 만들어내면서 한편으로는 특정 국가가 갖는 역사적 맥락과 그 시공간을 관통하는 글로벌과 로컬의 역학에 의해 전혀 다른 인식과 감정을 생산해온 것이다.

　그것은 부산으로 넘어온 일본의 전파 월경을 통해 한일관계의 특수성만이 아니라 한일의 문화적 관계가 갖는 일종의 보편적인 측면도 파악할 수 있음을 의미한다. 실제로 아일랜드나 캐나다, 파키스탄, 대만 등의 국가들은 영국, 미국, 인도, 일본 등의 인접국가로부터의 트랜스내셔널한 문화 월경을 심각한 민족·국가 정체성의 문제로 여기고 그 유통과 소비를 제한하기 위한 다양한 형태의 보호 전략을 모색해왔다. 주한미군 방송을 경유한 '안으로부터의 전파 월경'이라는 특수한 현상을 경험한 한국과 미국의 문화적 관계는 일본과 필리핀, 대만 등 미군 주둔을 경험한 국가들을 잇는 일종의 보편적인 성격을 지니고 있었다. 즉 한국과 일본의 문화적 관계는 부산의 전파 월경을 통해 1960년대 이후의 매스미디어의 보급 과정에서 전 세계의 여러 나라가 경험한 인식과 태도, 감정을 관통하는 보편적 성격을 공유했다고 할 수 있다.

2. 일본의 전파와 한국의 방송 문화

라디오 방송의 월경과 부산의 미디어 공간

1950년대, 전파와 함께 부산으로 넘어온 것은 일본의 라디오 방송이었다. 지리적으로 가까운 규슈九州 지방의 라디오 방송이 제도의 제약 없이 부산을 포함한 남해안에 닿았다. 특히 1951년에 개국한 RKB 라디오 규슈와 1954년에 개국한 KBC 규슈 아사히방송 등의 상업 라디오 방송이 부산의 미디어·도시 공간에 영향을 끼쳤다.[8] 그에 따라 일본의 라디오가 국민 정신생활에 끼치는 악영향을 우려하여 일본의 전파로부터 국민의 건전한 민족 문화를 보호하기 위한 대책을 요구하는 목소리가 적지 않았다.[9]

그러나 한국방송 문화의 측면에서 보면 일본의 전파를 둘러싼 인식은 그렇게 단순하지 않았다. 1959년 4월에 한국 최초의 민간 상업 방송으로 개국한 부산 문화방송(이하 부산 MBC)의 사례가 말해주듯, 일본의 상업 라디오 방송에 대한 위기감과 그 영향에 의한 국내 민간 상업 방송의 가능성에 대한 기대감이 동시에 작동하고 있었기 때문이다.

실제로 일본의 상업 라디오 방송의 전파 월경은 부산 MBC 설립의 직접적인 동기로 작용했다. 이는 일본의 상업 라디오가 끼친 영향과 일본의 상업 라디오를 둘러싼 부산의 경험이 축적된 결과였다. 『부산 문화방송 50년사』는 부산 MBC 설립 명분을 다음의 세 가지로 기술하고 있다.

일본을 禁하다

첫째, 한국에 침투해 들어오는 일본 상업 방송의 전파를 견제하기 위해서는 이에 대응할 건전한 민간 상업 방송이 설립되어야 했다. 그것은 사업적인 측면을 넘어 국가적이고 시대적인 현안이었다.

둘째, 부산 지방은 일본 상업 방송의 영향으로 일반 청취자들의 민간 방송에 대한 이해가 국내 어느 지역보다 높은 수준에 있었다. 따라서 민간 방송을 설립할 경우 부산 지역의 산업 발전과 함께 장차 기업으로 성공할 가능성이 컸다.

셋째, 모든 문화 활동이 중앙 편중인 상태에서 지역 문화를 활성화할 계기가 될 수 있었다.

부산 문화방송, 『부산 문화방송 50년사』, 2009, 20쪽

또한 부산 MBC의 창립자인 김상용은 "일본 방송에 대결할 수 있는 우리나라 최초의 획기적인 민방의 창업"을 부산 MBC의 설립 배경과 창업 이념으로 밝히고 있는데,[10] 다른 한편으로 부산의 시민들이 일본의 상업 라디오 방송에 익숙해져 있던 당시의 상황은 그가 국내 민간 상업 방송의 상업적 성공을 기대하는 판단 자료이기도 했다. 전파 월경의 위협이 높아지면 높아질수록 국내 상업 방송에 대한 기대 또한 높아져갔던 것이다.

김상용에게 부산 MBC의 설립을 권유하고 직접 동업자로 참여했던 정환옥은 그러한 상업적 가능성에 누구보다 먼저 눈뜬 인물이었다. 식민지 시대 '조선방송협회' 출신 방송기술자로서 부산에서 오랜 기간 라디오, 전기축음기 등을 다뤄왔던 그는 NHK보다 훨씬 개방

적이고 대중적인 상업 라디오 방송의 다채로운 프로그램과 광고에 새로운 충격을 받았다고 한다.[11] 한국 최초의 텔레비전 방송이었던 HLKZ의 방송부장을 시작으로 KBS 부사장, MBC 사장 등을 거치며 한국 텔레비전 방송의 선구자 중 한 명으로 불리는 최창봉 역시 당시 규슈 아사히九州朝日나 라디오 아사히ラジオ朝日의 광고가 보여준 상업 방송에 대한 기대가 부산 MBC 개국의 주된 이유였다고 밝히고 있다.[12]

부산 MBC에 의한 광고의 시작은 한국 텔레비전 방송 광고의 역사적 기원이기도 했다. 당시에는 신문과 잡지가 주된 선전 매체로 인식되던 시기였다. 즉 한국의 방송계는 일본의 방송 전파를 통해 방송 광고라는 개념에 눈떴던 것이다.[13] 한국 방송이 미국과 일본의 방송 시스템을 도입함으로써 광고를 유일한 수입원으로 하는 상업 방송 체계를 갖췄다는 방송사적 평가[14]는 이러한 경험을 반영한 것이다.

이처럼 사회적 비판의 대상이었던 일본의 전파는 당시 부산 방송인들에게는 중요한 학습 대상이었다. 1958년 정부 공보실의 사무 분담표에 따르면 방송관리국 관리과의 분담 업무 중 하나가 '외국 방송 청취 및 연구'였는데 그 주된 재료 중 하나는 물론 부산에서 접할 수 있는 일본 방송이었다.[15] 당시 '외국 방송 청취 및 연구'를 담당했던 정순일이 이야기하듯, 수십 년간 이어져온 인기 방송인 KBS 「전국 노래 자랑」 역시 '한국전쟁 중 일본 NHK에서 매주 일요일 뉴스 후에 방송되던 「노래 자랑のど自慢」을 듣고 1955년부터 만들기 시

작한 프로그램'이었다.[16]

1962년에 KBS 텔레비전의 개국 요원을 역임한 황정태와 같이 초기 방송인들 중에는 일본 라디오를 통해 일본어는 물론 외국 방송에 대한 이해도를 높인 사람이 적지 않았다.[17] 부산 KBS를 거쳐 부산 MBC의 보도국장과 TBC의 주일특파원 등을 역임한 전웅덕에 따르면 일본 방송의 프로그램 편성을 외우다시피 하며 방송에 응용하는 것은 당시 방송인들에게는 중요한 관행이었으며, 일본 전파 월경의 영향은 광고의 형식부터 방송국의 조직, 영업 방식에 이르기까지 모든 영역에 닿아 있었다.[18]

그 영향은 한국 텔레비전 방송의 시대가 본격적으로 막을 올린 1961년 이후 좀더 사회적인 문제로 확대되었다. 일본 방송이 학습·모방되면서 한국 방송 전체에 확장되기 시작했던 것이다. 그것은 근대화의 척도로서 개발독재 정권이 정치적 수단으로 활용한 텔레비전 방송이 일본 전파 월경을 미군의 AFKN과 함께 중요한 '모델'로 수용하는 과정이었다.

부산의 일본 텔레비전

한국 텔레비전 방송이 본격적으로 시작된 것은 1960년대였다. 5·16 군사 정변으로 정권을 잡은 박정희가 1961년 12월 24일에 KBS를 설립한 이래 1960년대에만 아홉 개의 민간 텔레비전 방송국이 생겨났다. 박정희 정권은 1950년대까지 대표적인 매체였던 간행물, 영화와 함께 방송을 정부의 주요한 공보수단으로 적극적으로 이용했다.[19] 군사 정권 최초의 민간인 장관(공보부)이자 KBS 개국을 주도했던 오재경이 회고하듯 텔레비전 방송국 설립의 목적은 '강력한 공보 기능을 요구했던 군사 정권에 직접적 공격이 아닌 간접적 접근으로서의 공보 기능을 제시하고 군사 정변을 군민 혁명으로 승화시키기 위한 방법으로서 당시 가장 새롭고 강력한 미디어'[20]를 통한 선전이었다.

이렇게 시작된 KBS는 단 3개월간의 준비 기간을 거쳐 1961년 12월 24일에 시험 방송을, 12월 31일에 정식 방송을 개시했다. 이러한 초기 한국 텔레비전 방송의 형성 과정은 '식민지 상태를 거치면서 독자적인 근대화 능력을 갖추지 못했던 대부분의 제3세계에 방송이 도입되는 과정'[21]이기도 했다. 텔레비전 방송 시스템이 갖춰지지 않은 단계부터 제도와 운영의 방식, 사회적 사용의 형태 등 텔레비전 방송을 구성하는 모든 요소를 일본과 미국에 의존해야 했던 것이다.[22]

일본 전파 월경은 텔레비전 방송의 개막에 라디오보다 훨씬 더 막대한 영향을 끼쳤다. 1962년 9월에 쓰시마 이즈하라嚴原에 높이 130미터, 출력 300와트의 전파탑이 설치되자 나가사키, 후쿠오카 등지로부터 NHK, NBC(나가사키방송), RKB, KBC 등의 전파가 닿게 된 부산과 남해안 지역이 일본 텔레비전 방송의 시청 권역에 놓였기 때문이다. 그 영향은 곧바로 나타났다. 1962년 시점에서 일반 가정에 설치되어 있던 500~600대 정도의 부산의 텔레비전 수상기 수가 전파탑 설치 후 1년간 약 1800대 증가했는데,[23] 각 신문은 이를 두고 '일본 텔레비전 붐'이라고 표현했다.

(…) 문제는 급한 템포로 국민생활에 파고드는 일본 '붐'이다. 아침 일
찍부터 밤늦게까지 흥미진진한 왜색 가요와 개봉 영화 등이 시청될
때 어른들도 그러하려니와 어린이들에게 미치는 영향은 어떠할까. 국
민 문화의 순화를 고창하고 있는 제2세 교육을 위해서 상상만 해도
서글픈 현실이다. 현실적으로 일본 TV '붐'이 제2세들에게 번지는 부
작용은 이미 사회문제화하고 있는 것 같다. (…) 영남 일대에 파고드는
일본 '붐'을 물리치기에 그곳 주민들의 자숙도 바람직하거니와 이곳에
서 국영 TV방송이 시청될 수 있는 조건을 갖추어 주어야 할 것 같다.

「여적」『경향신문』 1963. 3. 27.

정부 입장에서도 이러한 상황은 충분히 인식되었던 것으로 보인
다. 경상북도지사와 경찰관 등이 '민족정기를 보호하기 위한 일반
텔레비전 시청자의 자숙'을 요
청했고,[24] 공보부 장관 오재경은
KBS 부산방송 국장이었던 노정
팔에게 다음과 같은 지시를 내
렸다고 한다. "부산은 우리 땅
이되 지금은 우리 땅이 아니오.
(…) 부산은 일본 방송이 침투해
서 가정마다 일본 방송에 귀를

부산 텔레비전 화면에 비친 일본의 텔레비전
프로그램
「일본 텔레비전 붐」『동아일보』 1963. 9. 4.

기울이고 있으니 이것이 어찌 우리 땅이라고 하겠소. 노 과장 당신이 부산으로 가서 부산을 우리 땅으로 도로 찾아야 하겠소."[25]

그런 가운데 1964년에 개최된 도쿄올림픽은 전파 월경의 영향력을 한층 더 확장시킨 미디어 이벤트였다. 부산을 시작으로 마산, 충무(지금의 통영), 진해, 울산 등 남해안 도시들에서 텔레비전의 품귀현상이 속출했고 서울 등 타 지역 부유층이 올림픽 경기를 시청하기 위해 부산 지역의 호텔을 찾기도 했으며 텔레비전을 설치한 부산 시내 다방은 사람들로 크게 붐비기도 했다.[26] 박정희 대통령이 호텔에서 일본 텔레비전 방송을 시청한 일화도 신문기사로 남아 있다.

유엔 전몰장병 추도식에 참석코자 23일 부산에 내려온 박 대통령은 이날 저녁 숙소인 동래 관광호텔 501호에서 대한해협을 넘어오는 일본 방송의 '텔리비' 영상기 앞에 앉아 시청.

「정가낙수」 『경향신문』 1964. 10. 24.

이 같은 일본 텔레비전 유행은 라디오 시대의 부산 MBC 설립이 그랬듯 부산 텔레비전 방송의 시작을 가속화시키는 근거가 되었다. 1964년 12월 7일에 민간 상업 텔레비전 방송국인 D-TV(TBS의 전신)가 방송을 개시한 것은 그 대표적인 사례였다. 당시 국영방송이었던 KBS가 부산에 중계소를 설치한 것이 1968년이었음을 감안하면 D-TV의 방송 개시는 이례적인 것이었다. 여러 문제가 산적해 있었음에도 약 1개월 만에 방송 허가가 내려졌던 것[27]은 일본 전파를

일본을 禁하다

방해하기 위해서였다. 당시 D-TV가 NHK가 수신되는 7번 채널을 허가받았던 것에서도 알 수 있듯 부산에서 일본 텔레비전 방송의 전파 월경은 각 텔레비전 방송국 설치의 중요한 조건으로 작용했다.

『부산 문화방송 50년사』에 의하면 1970년 MBC 부산텔레비전국의 개국 명분도 부산에서 수신이 가능했던 다수 일본 방송의 전파 월경을 막는 것이었다. 당시 문화방송 기술국장에 따르면 일본 전파 월경을 막는다는 목적은 방송 시스템의 출력 방식 그 자체에도 막대한 영향을 끼쳤다.[28]

개국 당시 부산 문화방송 채널은 12번이었다. 라디오와 마찬가지로 그때 부산 경남 지역에 대한 일본 방송의 월경이 무방비 상태로 이루어지고 있었는데, 그 일본 방송이 채널 7, 9, 11, 13번에서 나왔다. 우리는 일본 채널을 피해 12번 채널을 하게 된 것이다. 당시 일본은 수직으로 전파를 내보냈는데 우리도 수직으로 허가가 났다. 그러다 출력을 증강했는데, 1971년 11월 30일에 주파수를 바꾸라고 했다. 일본이 수직으로 하니까 우리가 수평으로 바꾸어서 전파 월경을 막으라고 하는 것이었다. 수직으로 보내지는 전파는 수평으로 대응할 때 약하게 들어오기 때문이었다. 당시 민간 방송은 동양방송TBC이 유일했는데, 그것만으로는 일본 민간 방송들의 전파 독점을 막기에는 역부족이었다. 당시 텔레비전은 부잣집에만 있는 귀한 재산이었는데, 동네 아이들이 죄다 몰려가 텔레비전을 보며 일본 노래를 따라 불렀다. 젊은이들은 일본의 패션을 따라 했고, 당시 일본의 패션이 부산을 거쳐 서울에서 유행이 되기도 했다. 따라서 문화방송 개국은 과거 라디오 개국 때와 마찬가지로 일본 방송을 통한 문화 잠식을 막는 큰 의미를 가지고 있었다.

『부산 문화방송 50년사』, 2009, 60쪽

동시에 전파 월경은 일본의 기술을 받아들이는 창구이기도 했다. 1968년 멕시코올림픽 중계가 그 대표적 사례였다. 당시의 전국 방송은 NHK의 협력을 얻어 쓰시마에서 들어오는 전파를 그해 4월에 세워진 부산 중계소의 마이크로웨이브 시스템으로 받아 서울로 송신하는 방식으로 이루어졌다. 즉 텔레비전 시대에 돌입하고부터는 전파 월경에 따른 일본 방송의 영향은 부산만이 아니라 중앙, 즉 서울의 텔레비전 방송 제작 시스템에까지 미쳤던 것이다. 서울에 있는 각 방송국이 활발하게 일본 방송을 모방, 표절하기 시작했던 것도 그중 하나였다.[29]

이러한 1960년대 형성기를 거쳐 KBS, MBC, TBC의 3사 체제를 갖춘 한국 텔레비전 방송은 격렬한 시청률 경쟁 속에서 한층 적극적으로 일본의 텔레비전 프로그램을 모방·표절·도입하기 시작했다. 일본에서 이른바 '일억총백치화론'의 계기가 되었던 「호로니가쇼 난데모야리마쇼ほろにがショー何でもやりまショウ」를 시작으로 니혼 텔레비전의 「오돗테우탓테다이갓센踊って歌って大合戦」과 같은 버라이어티와 연속 드라마의 모방 프로그램이 텔레비전 방송 초기부터 제작되었다.[30] 한국의 방송업계는 일본 방송의 전파 월경을 단순한 '문화적

침략'으로 보기보다 오히려 적극적으로 이용해야 하는 수단으로 인식하고 있었다.

1969년 MBC 텔레비전 개국 직후, 편성 및 제작 팀은 부산에서 수신되는 일본 NHK와 민간 방송의 일주일 치 프로그램을 모니터 하여 모방하는 방식을 도입했다. 광고업계에서도 서울에서 파견된 담당자가 부산의 호텔에서 규슈 텔레비전 방송을 모니터 하여 그 내용을 서울로 반입하는 것이 주된 제작 방식 중 하나였다.[31] 이러한 방송 제작의 관행은 당시에 이미 "텔레비전 프로그램의 포맷이 대부분 일본 것으로, 구성과 진행이 모두 일본적인 것을 지향하고 있다"[32]는 비판을 받고 있었는데, 오늘날에도 한국 텔레비전 방송업계의 '원죄'[33]로 표현될 만큼 한국 텔레비전 방송의 성격을 구성하는 요소였다. 즉 한국 방송의 시스템이 AFKN을 통해 미국의 방송 시스템을 직접 받아들이면서 '미국화'되어가는 한편, 전파 월경을 통해 일본 드라마와 버라이어티를 번역, 모방하는 '일본화'가 동시에 진행되고 있었던 것이다.

일본의 텔레비전과 일상생활

1973년 4월 21일 한국 신문학新聞學 연구 발표회에서 보고된 「일본의 TV가 부산지방 시민에 미치는 영향」에 따르면, 당시 저녁 7시부터 9시 사이의 황금 시간대에 일본 텔레비전을 시청하는 시청자는 22퍼센트에 이르렀으며 그중에는 일본어를 모르는 시청자가 50퍼센트를 차지하고 있었다. 보고서가 "저녁 황금 시간대에 주로 뉴스와 대형 오락물을 방영하므로 이를 보는 시민이 많아 정부의 홍보 활동에 직접적인 영향을 줄 뿐만 아니라 광고 선전이 시민의 밀수품 구매력을 크게 자극하고 있다"고 분석하고 있듯,[34] 일본 텔레비전 시청은 일상생활에서의 자본주의 문화 향유의 일부분이었다.

다시 말해 적어도 부산의 도시 공간에서 일본 대중문화는 하나의 '일상문화'였다. 도쿄 우에노의 아메요코ｱﾒ横에 해당하는 부산 깡통시장(부평시장)에서 일본 시모노세키로부터 밀수된 상품이 활발하게 소비되는 등 부산은 일본에서 넘어오는 물자 창구였고, 이러한 움직임은 1965년 한일국교정상화를 전후로 눈에 띄게 활발해졌다.

「한일협정」 발효 이후 약 한 달이 지난 요즘 국제 항구도시인 부산에는 일본 월간지나 신문들이 마구 밀어닥쳐 시내 번화가에서 판매되고 있는가 하면 시내 일부 요정, 음식점, 다방 등 소위 '일본식'으로 장식 또는 구조가 변경되는가 하면 (…) 여기에 곁들여 재부在釜 일본인들은 제각기 그들끼리 결속하는 사회단체를 구성하는 등 사실상 '일본풍'은 이미 부산에 골고루 퍼지고 있다.

「마구 부는 일본 바람 항도 부산」『중앙일보』1966. 1. 13.

TBC가 부산 시민을 대상으로 실시한 조사에 따르면 한일국교정상화 직후인 1967년에 이미 일본 방송의 시청자는 19.6퍼센트에 달했다.[35] 이러한 1960년대의 전파 월경에 대해서 부산 보수동 고서점가에서 수십 년간 일본의 서적, 잡지 등을 수입, 판매해온 B씨는 다

일본을 禁하다

음과 같이 말했다.

"만화, 방송 같은 일본 대중문화에 대한 규제가 있는 건 알고 있었지요. 국민정신이 느슨해지는 것을 박정희 대통령이 걱정하신 거고. 하지만 우리는 먹고살려고 몰래 가지고 들어오거나, 재미있으니 텔레비전도 보고, (…) 안테나를 처마 밑에 달아서 (…) 그땐 다 그렇게 했었어요. (…) 다들 봤어요. NHK방송, 후쿠오카방송, 오사카방송 (…) 그땐 일본 전파 기술이 훨씬 앞서 있었으니. 또 부산이랑 가깝고. (…) 그러니 돈 있는 집은 다 일본 텔레비전을 가지고 있었어요."³⁶

당시 부산에서 일본 방송은 단순히 전파를 접하는 수준을 넘어, 적극적으로 즐기는 여가의 수단이기도 했다. 1964년 도쿄올림픽이 일본 텔레비전 붐의 주역이었던 것처럼 올림픽 중계는 부산에서도 중요한 미디어 체험이었던 것이다. 당시 한국 텔레비전에서는 KBS와 NHK 간의 계약에 의한 필름 제공을 통해 하루의 시간 차를 두고 국내 방영이 이루어졌다.³⁷ 그러나 일본 전파가 닿는 부산에서는 당시 B씨가 경험했던 것처럼 그 방송을 실시간으로 시청하는 것이 가능했다.

일본 텔레비전 방송을 시청하는 부산의 한 가정의 모습
「남 TV로 일본 영상이 유행」 『동아일보』 1974. 1. 17.

"특히 스포츠 중계를 일본 방송이 많이 방송했으니까 (…) 1960년대 아시아게임과 올림픽 때는 한국 선수들 보려고 안테나를 달아서 (…) 모두 그걸 보면서 울고 그랬지. (…) 그렇게 깡통시장에 사람들이 모여서 동경올림픽을 봤어요. 선명한 화면을 보려고 후지사 안테나를 달아서 (…) 대단했지요."38

텔레비전 문화가 본격적으로 확산된 1970년대에 들어서자 텔레비전 수상기의 급속한 증가와 더불어 일본 방송은 좀더 일상적인 대중문화로 수용되었다. 한국에서 컬러텔레비전 방송이 시작된 1981년 이전이었음에도 불구하고, 부산 시민들은 AFKN과 일본 방송을 시청하기 위해 앞다투어 수상기를 구입했다. 1975년 부산시 문화공보실의 조사에 따르면 당시 컬러텔레비전 수상기의 보급 수는 4만 대에 달했다. 금액도 전년까지 대당 38~50만 원이었던 것이 대당 120~150만 원까지 급등할 정도로 그 수요가 급증했다.

시청각 교육 중인 부산 일본인학교 교실
「쇼와 56년도 부산 일본인학교 학교 요람」, 1981.

부산에 거주하던 일본인들에게도 해외 도시인 부산에서 일본 방송을 시청한다는 것은 매우 특수하면서도 중요한 일상생활의 경험이었다. 1975년에 개교한 부산 일본인학교의 요람에 따르면 개교 당시부터 전파 월경에 의한 일본 텔레비전 방송이 실제 수업에서 활용되었다. 당시 해외 일본인학교 중 일본 텔레비전 방송이 시청 가능한 곳은 부산이 유일했다.

> 부산시는 인구 약 300만 명으로 서울에 이어 대한민국 제2의 도시다. 일본의 쓰시마까지 약 50킬로미터로, 일본의 텔레비전이 시청 가능한 외국 도시다. 일본과 가까워 다른 일본인학교에서는 볼 수 없는 텔레비전 시청이 가능하여 크게 활용하고 있다.
>
> 부산 일본인학교, 『쇼와 56년도 부산 일본인학교 학교 요람』, 1981, 14~15쪽

이와 같이 부산에 월경하는 일본 텔레비전 방송의 전파는 한국 텔레비전 산업의 형성에도 커다란 영향을 미쳤을 뿐만 아니라 다른 지역과는 다른 성격의 미디어·도시 공간을 만들어냈다. 많은 일본인이 거주하고 있던 식민지 시대부터의 연속적 맥락, 한국전쟁의 경험, 밀수에 의한 블랙마켓의 형성, 국내 라디오·텔레비전 산업에 대한 영향 등은 부산이 가진 역사적·지리적 조건에 의해 만들어진 것이었다. 그것은 '일본 대중문화 금지'의 맥락에서도 매우 큰 의미였다. 일본 방송의 전파 월경을 중심으로 잡지, 서적, 대중음악, 비디오, 가라오케 등 여러 일본 대중문화가 유입되어 부산의 일상적 미디어 문화를 구성했기 때문이다.

3. 경계의 중층과 '경계 구축'의 테크놀로지

전파 월경을 둘러싼 기술과 법 제도

여기까지 살펴본 대로 한국 텔레비전 방송이 형성되는 과정에서 부산은 그 지리적 조건에 의한 '경계적 공간'으로 기능했다. 일본 대중문화가 일상적으로 소비되는 상황이 그것을 금지하고자 하는 움직임과 모순·갈등하면서 성장했던 것이다. 그러한 양가적인 양상은 다음과 같은 두 가지 측면에서 이해할 수 있다.

첫째로 전파관리법 등과 같은 법 제도를 살펴봤을 때 일본의 방송 전파를 막을 수 있는 구체적인 방법이 부재했음을 들 수 있다. 부산시나 한국 정부의 대응이 '일본 방송 불시청운동' 등에 머물러 있던 것도 실질적인 법 제도의 공백을 메우기 위해서였다. 둘째로 한편으로는 국가·민족 정체성을 침해하는 문화적 침략으로 여겨진 전파 월경이 다른 한편으로는 한국 텔레비전 문화의 성장 동력이었다는 점이다.

이 두 가지 측면을 낳은 가장 중요한 요소는 '기술'이었다. 재밍 Jamming으로 불리는 방해의 기술과 법 제도의 부족이 일상생활의 적극적인 수용과 얽혀 있던 것이 첫 번째 차원이라면, 두 번째 차원에서는 선진적인 방송기술에 대한 욕망이 방송을 이데올로기 장치로 인식하는 관점과 충돌했다. 대응 가능한 법 제도가 부재한 대상으로서의 기술과 근대화를 위해 이용해야 하는 대상으로서의 기술이 교착하고 있었던 것이다.

부산 텔레비전 방송과 일본 방송 전파 사이의 기술적 문제 중

하나는 방송 송출 방식이었다. 당초
TBC는 수직 편파 방식을 사용하고
있었는데 이는 일본의 전파가 같은 방
식으로 월경해 들어오기 때문이었다.
방송 3국은 1972년에 방송출력을 맞
추고 편파 방식도 수평 편파로 통일했
다. 또한 각 방송국의 채널도 일본 채
널이 나오는 채널로 맞추어 일본 방송
의 시청을 한국 방송 쪽으로 유도하
고자 했다.[39]

일본 방송 시청을 위해 주택가에 설
치된 안테나
『경향신문』 1964. 1. 15.

그러나 이러한 장치를 비웃기라도 하듯 일본 방송을 시청하는 추
세는 확산되어갔다.[40] 편파 방식을 수평 편파 방식으로 통일시켜 일
본 전파를 막고자 했던 장치는 5000원 정도 하는 수직 안테나를
설치하면 간단하게 변환시킬 수 있었다.[41]

> (…) 부산, 진해, 울산, 마산 등의 해안지방에는 일본 TV 문화권이 형
> 성되었다 해도 과언이 아닐 정도로 많은 사람이 일본 TV를 시청하고
> 있다. (…) 정부는 일본 TV의 전파를 '재밍' 하고 있다. 그러나 UHF
> 방송이 없는 우리나라로서는 일본의 UHF 방송을 막을 수 없고 또
> 우리는 낮 방송을 하지 않기 때문에 낮에 방송되는 일본 TV에 대해
> 서는 속수무책이다.
>
> 「시청석」 『경향신문』 1979. 2. 6.

즉 일본 방송 전파를 둘러싼 기술적·법 제도적 모순은 전파 월경을 통한 일본 텔레비전 문화의 확산을 가능하게 한 요소 중 하나였다. 그러한 기술적·법 제도적 모순 위에서 텔레비전 방송을 통해 정권의 정치적 이용을 꾀한 국가의 욕망과 상업적 이익을 추구한 미디어의 욕망, 그리고 일상의 생활 양식으로서의 텔레비전 문화를 소비하고 있던 '대중'의 욕망이 복잡하게 얽혀 있었던 것이다.

두 개의 전파 월경과 경계 구축의 메커니즘

부산의 경험은 다른 여러 국가가 전파 월경을 통해 이미 경험했던 보편적 현상이기도 했다. 방송 시스템이 형성되어가는 단계에서 전파 월경에 의한 기술과 콘텐츠의 유입은 ① 법 제도의 부재 ② 미디어 공간의 경계 침범 ③ 개개인의 적극적인 소비와 그것을 둘러싼 내셔널리즘 담론의 경계 구축 등이 공존하면서 결국 국내의 방송 제도와 방송 산업 시스템을 크게 변화시켰다.

그러나 부산의 전파 월경은 그 월경이 두 개의 경계를 둘러싸고 존재했다는 점에서 또한 매우 특수한 현상이었다. 두 경계 중 하나는 일본과 부산 사이의 경계이며, 또 하나는 부산과 서울 사이의 경계다. 전자가 부산의 지리적·문화적 특수성에 기반을 두고 경계적 미디어·도시 공간을 구축했다면(일차적 월경), 후자, 즉 서울 방송국이 부산에 월경해 들어오는 일본 방송을 모방, 번역, 표절하여 방송 콘텐츠로 활용한 것은 검열 프로세스의 작동에 의한 전혀 다른 의미의 '경계 침범'(이차적 월경)이었던 것이다. 이러한 차이는 시청되는 방송 콘텐츠의 성격에 의해 한층 두드러진다. 부산에서 시청한 일본 방송이 누구나 '일본 것'이라고 인지했던 오리지널 그 자체였던 것에 비해, 서울의 지상파 방송을 통해 전국 가정에 방영된 콘텐츠는 여러 형태의 '왜곡'을 통해 일본의 국적이 가려진 채 '한국 것'으로 인지되고 소비되었다. 즉 서울에서의 경계 침범은 경계 구축의 메커니즘이 작동한 결과였던 것이다.

이 경계 구축의 메커니즘을 파악하는 데 있어서 간과해서는 안 되는 것이 언어와 세대의 문제다.

1950~1960년대 부산에서 일본 라디오 텔레비전 방송을 접하고 그 시스템을 한국 방송에 도입했던 것은 일본어 세대, 즉 일본어 능력을 갖춘 식민지 경험 세대였다. 이것이 의미하는 바는 무엇일까. 이는 일본 대중문화를 둘러싼 경계 침범과 경계 구축이 부딪치는 상황에서 식민지 경험에서 이어지는 '일본어 능력' 유무에 의한 세대 간의 차이가 중요한 조건으로 작용하고 있었다는 점이다. 1945년에 태어나 해방 이후 청년 문화를 대표하는 소설가 최인호가 1971년에 발표한 단편소설은 부산에서 일본 방송을 보는 윗 세대에 대한 젊은 층의 복잡한 심정을 묘사하고 있다. 해방 직후에 태어난 대학생으로서 미국과 일본에 대한 한국인의 열등감과 욕망, 종속적 의식을 목격하면서 자신의 국가·민족 정체성에 대해 고민하던 주인공은 한 일본인 기업가에게 이렇게 말한다.

나의 아버지는 식민지 시대 때 일인 선생에게 매를 맞아 얼굴 위에 상처를 가지고 있습니다. 이유는 간단합니다. 당신네 나라의 천황 이름을 외워오라고 일인 선생님이 숙제를 낸 것입니다. (…) 나의 아버지는 이것을 외지 않았습니다. (…) 이씨 조선의 왕조 이름을 택했던 것입니다. 그 모험적이고 어리석은 만용은 학교에서 퇴학 처분과 지금도 지워지지 않는 얼굴의 상처라는 기막힌 두 가지 선물을 얻게 했던 것입니다. 또 한 가지 얘기는 바로 우리 자신들의 얘기인 것입니다. 이른 아침 변두리 다방에 나가보면 바로 당신들 나라의 음악이 울리는 것이 보통인데 그럴 때면 으레 사십 대의 우리 민족들은 의자에 머리를 기대고 그 기막힌 일본 음악에 심취하곤 하는 것입니다. 그것뿐만이 아닙니다. 당신네 나라가 뿌려놓은 일본인의 잔재는 곳곳에 자리 잡고 앉아 나이 먹은 우리 민족들의 추억을 만족하게 하고, 그리고 사각모를 쓰지 않고는 텔레비전 드라마가 될 수 없는 기현상을 초래했던 것입니다. 언젠가 나는 부산에 내려가 소위 당신네 나라의 사무라이 영화를 텔레비전에서 본 적이 있습니다. 그때 텔레비전을 보고 있던 사람들은 소위 당신네 나라 식민지 시대 때 소년기를 보낸 사람들이었는데, 게다를 신은 무사가 칼을 휘두를 때마다 방 안의 분위기는 점점 애수적이고 퇴폐적인 그 1940년대로 돌아가는 것을 느꼈던 것입니다.

최인호, 「뭘 잃으신 게 없으십니까」 『타인의 방』, 문학동네, 2002, 218~219쪽

여기서 주인공이 이야기하는 것은 식민지 시대에 일본어 교육에 반대하고 조선어와 역사를 지키고자 했던 기억을 가지고도 해방 후

일 본 을 禁 하 다

에 일본 대중문화를 즐기는 어버이 세대의 분열된 모습이 드러내는 한국사회의 양가성이다. 다시 말해 일본 문화를 식민지 시대의 조선어 금지와 일본어 교육의 연속성 위에서 소비한 세대와 일본 대중문화를 외국 문화 혹은 (번역에 의한) 한국 문화로 소비한 세대가 갖는 인식과 감정, 문화적 감수성의 차이는 현저했다.

즉 부산은 여느 지역과는 달리 일본어를 이해하는 것이 일본 대중문화의 유입과 금지에서 얼마나 중요한 조건이었는가를 보여주는 공간이었다. 일본 방송이 번역, 모방, 표절되는 형태로 부산에서 서울로 월경한다는 것은 식민지 세대의 감각, 즉 일본 문화에 대한 내면화된 친근감이 지워졌음을 의미한다. 즉 일본 문화에 대한 식민지로부터의 연속선 위에서의 집단의식과, 현대의 인접국으로서의 집단의식은 '일본어'라는 경계를 중심으로 분명히 구분되어 있었던 것이다.

특히 제1장에서도 살펴보았듯 대중문화 개념에 대한 이해와 고찰이 부재했던 1980년대까지 왜색으로 표상되는 일본 대중문화에 대한 증오와 욕망이 얽힌 복잡한 심정에 기반을 두고 여러 담론을 생산한 주류가 식민지 세대였다는 것을 생각하면, 부산과 서울 사이의 경계와 일본어를 둘러싼 세대 간 경계의 차이가 일본 대중문화를 둘러싼 괴리를 만들어냈다고 할 수 있다. 이처럼 해방 이후 일본 대중문화 금지의 담론을 생산하는 자와 왜색 문화를 소비하는 자는 왜색을 둘러싼 인식과 감정을 공유하는 동세대 안에서 얽혀 있었던 것이다.

이에 비해 1960~1970년대 이후 매스미디어를 중심으로 한 일본 대중문화 금지는 비非일본어 세대의 소비가 확대되어감에 따라 이전과는 다른 국면으로 일본 대중문화를 둘러싼 새로운 모순과 갈등을 빚어냈다. 즉 '금지'의 구조를 만들어낸 것은 정책과 산업 사이에 있는 괴리뿐 아니라 이러한 중층적 경계들 사이에 존재하는 담론과 실천, 인식과 감정의 괴리였던 것이다.

—

4장

—

미디어를 둘러싼 욕망과 금지의 재생산

1960~1980년대 한국 매스미디어의 일본 대중문화 금지를 작동시킨 것은 일본 대중문화를 여러 형태로 왜곡하며 부인하는 방식이었다. 일본 대중문화 금지가 공고하게 유지되었음에도 많은 일본 문화 콘텐츠가 각색·번역·수정 등의 방법에 의해 유입되어 한국의 개발독재기의 미디어·도시 공간을 구성했던 것은 이러한 '부인의 메커니즘'이 작동한 결과였다.

1. '일본 대중문화 금지'의 메커니즘

부인으로서의 금지

1960~1980년대 군사독재기의 한국 텔레비전은 한일국교정상화 전후에 구축된 일본 대중문화 금지의 메커니즘을 가장 뚜렷하게 보여준 미디어 공간이었다. "금지되어 있었다"라고 하는 공식의 역사와는 달리 수많은 일본의 방송 콘텐츠가 유입되었고, 그 유통과 소비의 양상은 법 제도의 부재와 미디어의 실천, 사회적 담론의 생산 등의 요소가 중층적으로 작용한 결과였다. 그러나 서장에서도 말했듯이, 그러한 현상을 단순히 '금지의 위반'으로 본다면 '금지'의 의미와 성격, 효과를 충분히 이해할 수 없다. 정체성을 구축하기 위해 타자의 문화 월경을 완전히 금지하는 것이 애당초 불가능한 것이라는 점을 고려할 때, 문화의 경계 침범을 내포하는 한국과 일본 사이의 정체성 정치는 처음부터 양가적인 것으로 파악해야 한다.

이 책에서는 경계 구축과 경계 침범이 공존하는 일본 대중문화 금지의 과정을 '부인의 메커니즘'으로 부르고자 한다. 프로이트를 빌려 설명한다면, 부인disavowal은 현실을 어떻게 지각하는가의 문제이자 적극적으로 현실을 만들어내는 프로세스다. 그 현실이 어떤 대상을 금지하는 것이라면, 부인은 그 현실을 만들어내고 유지하는 역할을 한다. 즉 타자의 문화를 금지하는 프로세스는 그 자체가 갖는 특성, 즉 좋은가 나쁜가, 유익한가 해로운가를 판단하여 그것을 받아들일지 거부할지를 결정함으로써 내부와 외부의 경계를 구축하는

일 본 을 禁 하 다

과정이다.[1] 법 제도의 엄격한 적용에 의해 수행되는 '배제'와는 달리 이 '부인'에 의한 금지에서는 이미 일어나고 있는 경계 침범의 양상 그 자체를 부인함으로써 타자의 문화를 받아들이면서도 금지를 존속시키는 게 가능해진다. 즉 '배제'를 전제로 할 때 타자의 문화 월경은 위반으로서 처벌의 대상이 되지만, '부인'의 경우에는 그 위반 자체가 '왜곡'되는 것이다.

여기서 왜곡이란 검열을 통해 재료에 탈루, 변용, 재편성 등의 은폐와 수정을 가하는 것이다.[2] 검열은 검열관에 의한 직접적인 삭제뿐만 아니라 검열을 두려워하는 것으로 '위장'하게 만드는 것으로도 작용한다.[3] 독립 직후의 왜색 일소 운동을 둘러싼 여러 움직임을 '배제의 메커니즘'이라고 한다면 '금지'가 존속되면서 국적의 은폐, 번역, 모방, 수정 등을 통해 일본 대중문화가 유입된 과정은 검열에 의해 왜곡이 일어난 '부인의 메커니즘'으로 이해할 수 있다.

이는 제1장에서 살펴본 왜색을 통해 좀더 명확해진다. 해방 공간과 1950년대에 걸쳐 작동했던 일본 대중문화에 대한 '배제의 메커니즘'은 이 왜색이라는 담론 공간을 통해 '부인의 메커니즘'으로 전환되었기 때문이다. 검열의 대상이었던 왜색에 삭제, 은폐, 수정 등의 '왜곡'을 가함으로써 일본 대중문화에 의한 경계 침범을 부인하는 것이 가능해진 것이다.

따라서 유입이 법적으로 봉쇄되는 '배제의 메커니즘'이 아닌 유입을 둘러싼 '부인의 메커니즘'을 통해 일본 대중문화 금지가 어떻게 수행되었는가를 설명할 수 있다. 정치적·경제적 목적을 우선하며 형성되고 성장한 한국의 미디어 공간에서 일본 대중문화는 금지되어 있기는 하나 실제로 배제하는 것은 불가능한 미디어 보급의 중요한 루트였다. 여러 절차를 걸쳐 일본 콘텐츠를 '한국 것'으로 인지시킨 '부인의 메커니즘'은 바로 '금지'를 수행하면서도 동시에 유입을 가능케 한 방법이었다. 제3장에서 밝힌 부산에서 서울로의 '이차적 유입'은 물론이거니와 제4장에서 살펴볼 일본의 TV 애니메이션 방영 또한 바로 그 산물이었다.

'개발독재'와 미디어 문화 정책

1960년대 박정희 정권 아래 공보 정책과 함께 본격적으로 전개되기 시작한 문화 정책은 '민족·국가적인 것'의 성격과 내용을 규정하면서 정권의 체제유지와 밀접하게 연관된 정치적 이데올로기의 표현 방식으로 작동했다. 그것은 한국 국민의 의식과 정서를 형성시킴과 동시에[4] 군사 정권의 정치적 정통성의 한계를 민족 문화의 강조로 메우려는 것이었다. 그러나 그 문화 정책은 식민지 시대의 법령을 이어받아 문화예술을 진흥, 장려하기보다는 오히려 규제, 통제하는 것에 중점을 두고 있었다.[5]

특히 미디어는 내셔널리즘에 바탕을 둔 국가적 관리와 육성의 대상이었다. 군사 정권이 내건 민족, 국가, 정체성, 애국 등은 미디어가 무조건 순응해야 하는 정치적·문화적 요소였다.[6] 공보 정책이 무엇보다 강조했던 것도 건전한 국민적 기풍에 반하는 저급하고 퇴폐적인 대중문화에 대한 엄격한 검열과 통제를 실시하고 동시에 전통문화 보호와 외국 대중문화의 건전한 도입, 창작활동에 대한 지원 등을 통한 '신문, 방송, 영화 등의 대중미디어의 공공적 기능을 강화하는 것'[7]이었다. 1968년 문화공보부 발족에 대한 박정희 대통령의 치사는 미디어에 대한 정권의 태도를 노골적으로 나타내고 있다.

> 문화예술이 대중화 시대에 들어서 그 창달은 매스 커뮤니케이션과 불가분의 관계에 있는 오늘날 문화 행정이 이제껏 공보, 문화 양부에 걸쳐 이원화되었던 비능률성에서 탈피하여 새로운 민족 문화의 가치 체계를 바로잡는 동시에 이를 적극 뒷받침하는 강력한 행정을 발휘할 수 있는 통일된 체계를 갖추게 된 것은 민족 문화의 발전을 위해서 획기적인 일이라 하겠습니다. (…) 모든 매스 커뮤니케이션에 종사하는 언론인과 문화예술인들도 정부의 새로운 시정 방침을 잘 이해하고 사회적 책임을 함께 나누는 자각 위에서 건전한 사회기풍을 조성하는 데 앞장서줄 것을 당부하는 바입니다.
>
> 문화공보부, 『문화공보 30년사』, 1979, 446쪽

특히 텔레비전 방송은 1961년 군사 정변 이후 박 정권이 지대한 관심을 기울인 미디어였다. 텔레비전에 대해서는 '방송의 공공성과 그 질서 및 품위를 자율적으로 유지하는 것'을 목적으로 발족된 한국방송윤리위원회가 1963년에 제정된 「방송법」에 의거해 규제를 담당했다. 한국방송윤리위원회는 1979년까지 17년간 방송국에 대한 규제 6903건, 관계자에 대한 제재 238건, 주의·시정·권고 1759건,

방송금지 가요 결정 1172건, 방송금지 광고 결정 1493건, 재심처리 41건, 진정처리 156건, 텔레비전 광고 방송물 심의 1만930건, 텔레비전 외화대본 및 외국 녹화물 심의 272건 등 총 2만2964건의 방대한 양의 심의를 실시했다.[8]

이러한 조건에서 텔레비전 방송이 국가 지침에 반대 의사를 표명하는 것은 거의 불가능한 일이었다. 1970년대에 완성된 한국의 텔레비전 방송망은 국가권력의 정치적 배려의 산물이었기 때문이다. 1971년 문화공보부 장관이었던 윤주영은 ① 민족 문화의 전승과 발전 ② 외래문화의 무분별한 도입 방지 ③ 대중가요의 외국어 가사 사용 억제 ④ 저속, 저질 프로그램의 배제 등을 방송의 목표로 내걸었다.[9]

그러나 오락 프로그램에 한해서는 국가의 요구와 방송의 이익이 대립하는 경우가 많았다. 정치적 차원에서 자율성을 갖지 못했던 방송국 측은 정권의 요구 사항에 대해서는 시장 전략과 모순되지 않는 범위 내에서 적극적으로 대응했으나 시장 전략을 억압하는 경우에는 매우 소극적으로 대응하는 경향을 보였다.[10] 특히 국영방송이었던 KBS가 1973년에 공영화된 이후 치열하게 전개된 방송 3사의 시청률 경쟁은 방송의 편성과 제작에도 막대한 영향을 끼쳤다. 즉 산업적 근대화가 본격적으로 전개된 1970년대부터는 정부의 권위주의적 문화 정책과 미디어의 상업주의, 다시 말해 관제문화 및 관료적 권위주의에 의한 통제와 상업주의적 대중문화가 공존하며 상호 간 긴장관계를 유지하는 시대로 돌입했던 것이다.[11]

박정희와 같은 군사 정권이었던 전두환의 통치 시기에도 국가는 매스미디어를 적극적으로 동원하고자 했다. 1980년 언론 통폐합 조치를 통해 신문사 14사, 통신사 1사, 방송국 2사를 폐합시키는 등 엄격한 보도 검열 통제를 실시한 전두환 정권은 한편으로는 성性에 대한 영화 검열을 완화하고 프로 스포츠를 속속 발족시키는 등 '3S'(Sex, Screen, Sports)로도 불리는 문화의 탈정치화 정책을 실시했다.[12] "국내 언론의 문제는 중앙정보부가 아닌 문화공보부가 담당, 추진하며 문화공보부는 고도의 정치 감각을 가진 각 분야의 조예 깊고 우수한 능력을 가진 요원을 확보하라"는 전두환의 지시가 말해 주듯,[13] 미디어 문화 영역은 철저하게 정치적 감각에 의해 다뤄졌다.

전두환 정권은 1980년 10월 27일에 시행된 제5공화국 헌법 제8조에 "국가는 전통문화의 계승, 발전과 민족 문화의 창달에 노력하여야 한다"는 내용에 기반을 둔 문화발전을 위한 정책적 노력을 국가의 의무로 규정함으로써 문화에 대한 국가의 통제를 법 제도적으로 실시하고자 했다. 개발독재기의 문화 정책에서 '민족 문화'라는 개념이 전통문화에 국한되었던 것은 빈약한 정치적 정통성을 가진 두 군사 정권이 강력한 반공 이데올로기를 정치적으로 이용함으로써 '민족'의 의미를 축소시켰기 때문이다. 전두환 정권의 문화 정책에서는 특히 1980년 5·18민주화운동에 대한 폭압적 진압이 결정적인 요인으로 작용했다. 정부에 투쟁하는 측 역시 '민족'과 '민족 문화'가 가장 중요한 선전 구호였기 때문인데,[14] 분단 상황과 탈식민화 작업, 근대화 프로세스가 얽혀 있던 개발독재기에 '민족'이라는 말은 그 자체로 모순과 갈등의 장이었던 것이다.

이처럼 개발독재기의 미디어·문화 정책은 ① 민족 문화를 강조하는 문화 정책 ② 미디어에 대한 엄격한 규제 ③ 상업주의에 대한 묵인 등의 요소에 의해 구성되었다. '일본 대중문화 금지'의 문제는 이러한 세 가지 요소를 애매하게 관통하고 있었다. 민족 문화를 강조하는 문화 정책의 측면에서 보면 일본 대중문화는 엄격한 규제의 대상이 되어야 했지만 다른 한편에 있는 미디어의 상업주의에 대한 묵인은 일본 대중문화의 유입을 가능하게 했다.

특히 텔레비전 방송은 개국 당시부터 민족 고유의 정서와 전통문화를 보호, 유지, 확대시키는 전략적 거점으로서 존재했다. 남북문제를 배제한 민족주의와 반공, 반북주의를 국가적 이데올로기로 승격시킨 권위주의 정권하에서 텔레비전 방송은 국가가 명령하는 내셔널리즘을 가장 중요한 정신적 기둥으로 삼을 수밖에 없었다. 그러나 동시에 격렬한 경쟁 체제 속에서 극단적인 상업주의도 강하게 드러냈다. 그러한 내셔널리즘과 상업주의는 일견 모순되는 것처럼 보이나 실은 모순되는 것이 아니라 '문화의 대중화'라는 궤적을 함께하는 것이었다.[15]

법 제도로서의 '금지'

그렇다면 한국의 미디어 산업이 형성되고 성장했던 1960~1980년대의 일본 대중문화 금지를 둘러싼 법 제도는 어떤 것이었을까.

'금지'의 법적 근거는 「일본 대중문화 금지법」과 같이 '일본'을 명

일본을 禁하다

시한 구체적인 법령이 아니었다. 그 근거를 일반 대중문화 관련 법령을 통해 단편적으로 찾지 않으면 안 될 정도로 통일된 형태가 아니었던 것이다. 먼저 1961년에 제정된 「공연법」 제19조의 2는 '외국 공연물의 공연 제한'에 관한 항목으로, "누구든지 국민감정을 해할 우려가 있거나 공서양속에 위배되는 외국의 공연물을 공연할 수 없다"고 명시하고 있다. 「외국 간행물 수입 배포에 관한 법률」(1973년 제정) 제7조에는 "공안 또는 풍속을 해할 우려가 있다고 인정되는 외국 간행물을 수입한 때에는 배포 또는 판매를 중지 또는 내용의 삭제를 명할 수 있다"는 항목이 있다. 이런 항목들에 '일본'이라는 국명이 명시되어 있지는 않지만 일본 대중문화를 금지하는 것에 대한 근거가 될 수 있는 내용들이었다. 또한 「방송법」(1963)의 경우, 제5조 '윤리규정'에 '민족의 주체성 함양' '민족 문화의 창조적 개발' '아동 및 청소년의 선도' '가정생활의 순결' 등에 관한 항목이 포함되어 있다. 그외에도 '외국'을 명시하고 있지 않아 좀더 간접적이긴 하나 「영화법」(1966) 제13조, 「음반에 관한 법률」(1967) 제10조 등이 '국헌문란' '국민정서' '사회질서' '국민정신' 등을 금지의 근거로 하고 있다.

그렇다면 일본이라는 국명을 명시하지 않은 법령이 실제로 '금지'의 실시에 어떠한 작용을 했을까.

다음의 기록은 당시의 법 제도가 '금지'에 대해 실질적인 효력을 발휘하지 못했음을 보여준다. 1968년 "공보부의 검열을 받지 아니한 일본영사관 제공 문화 영화를 문화원에서 일반 주민에게 공개하고 상영할 수 있는지의 여부"에 대한 경상남도지사의 질의에 대해 공보부 법무관은 다음과 같이 답변하고 있다.

"영화법 제11조 제2항 및 제3항에 의하여 모든 영화는 그 상영 전에 공보부 장관의 검열을 받아야 하며 동규정은 강제 규정으로서 어떠한 예외가 있을 수 없다고 할 것임. 따라서 귀문의 경우에는 그 상영이 불가하다고 사료되므로 그 구체적인 사항을 즉시 통보할 것임."

국가기록원 관리번호 BA0136835, 준영구 1963-1974,
법무관 기획 1740~8748, 1968. 7. 16.

즉 여기서 일본 영화의 상영 허가가 불허된 이유는 그것이 일본 영화이기 때문이 아니라 검열을 받지 않았기 때문이다. '일본 대중문화'를 명시하고 있지 않은 대중문화 법령을 이용하여 일본 대중문화에 대한 직접적인 규제를 실시하는 것에는 분명한 한계가 있었음을 이 사례를 통해 짐작할 수 있다. 또한 1971년에는 '옥외광고물 내용 중에 일본상사 기술 제휴라는 명칭이 민족성과 관련이 있는 표기에 대하여(예를 들어 아지노모토와의 기술 제휴) 광고물 내용을 변경 권유 또는 제한할 수 있는지'에 대한 내무부의 질의에 대해 문화공보부 장관 명의의 회신은 "당부 소관의 법령 중에는 이를 규제할 수 있는 법적 근거가 없음을 통보한다"고 말하고 있다.[16]

즉 법 제도의 측면에서 보면, 일본 대중문화 금지는 매우 애매한 법적 근거를 가진 사회적 규범이었다고 할 수 있다. 한 예로 한일국교정상화 다음 해인 1966년, 박정희 대통령은 일본 대중문화에 관

일본을 禁하다

해 "한일국교정상화 이후에 우리가 경계해야 할 점은 일본의 음반, 잡지 등 일본 문화의 침입을 국민 각자가 막는 것"[17]이라고 말하고 있는데 이는 대통령 스스로 '국가의 발전과 민족의 번영을 위한 획기적인 전환점'[18]이라고 평가한 한일국교정상화를 계기로 '금지'가 '국가의 차원'이 아닌 '민간의 차원'에서의 의무와 책임에 의한 것으로 전환되었음을 의미하는 것이었다.

실제로 "무엇이 금지되어 있는가"라는 문제, 즉 금지 대상에 관해서도 구체적으로 규정되지 않았던 것으로 보인다. 예를 들어 1966년 박정희 대통령의 발언처럼 일본 잡지의 유통과 소비는 '일본 문화의 침투'를 보여주는 중요한 사례로 지적되었으나 1971년 6월의 문화공보부 자료인 「외국 정기간행물 수입업자 허가일람표」를 보면 매월 얼마나 많은 잡지가 일본에서 수입되고 있었는가를 알 수 있다.

「외국 정기간행물 수입업자 허가일람표」

허가번호	수입업자	신문		잡지		수입 지역
		종수	부수	종수	부수	
1	동남도서무역주식회사	11	4,160	405	47,275	일본
2	동양물산기업주식회사			75	13,400	일본
3	우일문화사	2	130	82	60,720	구미*
4	외국도서공급주식회사	7	560			구미
5	찰스외국대행상사	1	500			미국
6	대양서적상사			8	1,500	유럽
7	삼본상사			3	1,500	미국
8	원창서적			26	5,100	유럽
9	범아서적공사			13	3,100	중국

(*프랑스, 독일, 이탈리아, 영국, 미국, 홍콩 등)

이 기록에 따르면 다른 국가에 비해 압도적으로 많은 종류의 신문과 잡지가 일본에서 수입되고 있었다. 그 내용을 봐도 『아사히신문』 1200부, 『요미우리신문』 1100부 등의 신문부터 『슈칸요미우리週刊讀賣』 350부, 『슈칸문춘週刊文春』 250부 등의 주간지와 과학, 기계, 건축, 경제, 의학, 교육, 법률, 인쇄, 예술, 스포츠, 레저, 취미, 농어업, 라디오에 관한 전문 잡지까지 거의 모든 종류의 잡지가 포함되어 있었다. 그중에 부수가 많았던 잡지를 보면 『분게이이순주文藝春秋』(문예 시사 종합월간지 1900부) 『소엔裝苑』(패션 잡지 1500부) 『슈후노토모主婦の友』(주부 잡지, 1300부) 『슈후토세이카쓰主婦と生活』(여성 잡지, 1300부) 『후진쿠라부婦人俱樂部』(여성 잡지, 1200부) 『와카이조세이若い女性』(여성 잡지, 1300부) 『리더스다이제스트』(1300부) 『드레스메이킹』(여성 잡지, 1200부) 『아사히카메라』(사진 잡지, 1100부) 『비주쓰테초美術手帖』(미술 잡지, 800부) 등이 있었는데, 『에이가조호映畫情報』(영화 잡지, 150부) 『긴다이에이가近代映畫』(영화 잡지, 50부) 『키네마준보キネマ旬報』(영화 잡지, 반월분 50부) 『텔레비전에이지』(텔레비전 잡지, 50부) 등 콘텐츠의 유입이 '금지'되어 있었던 영화나 텔레비전 잡지도 수입 허가를 받았고, 특히 훗날 한국에서도 1983년 4월에 창간된 『월간스크린』은 잡지 전체에서도 상위에 해당되는 1200부가 수입되었다. 즉 "일본 잡지를 보지 말라"는 명령이 작동하는 가운데에서도 다양한 일본 잡지가 정식으로 수입되고 있었던 것인데, 이러한 예를 보더라도 '금지'가 엄격한 법적 장치가 아니었음을 알 수 있다.

그렇다면 일본 대중문화 금지가 엄격한 법적 장치가 아니었다는 것이 의미하는 바는 무엇일까. '금지의 위반'으로 여겨지던 여러 행위가 실은 위반이 아니었다는 것이다. 일본 대중문화의 유입과 소비에 대해서, 법에 의거하여 강제를 행하는 행정 관리Police가 존재하지 않았기 때문이다. 또한 당시에는 한국이 양대 국제 저작권 협약, 즉 세계저작권협약UCC과 베른협약 어느 쪽에도 가입되어 있지 않아 국제법에 의한 규제 범위 밖에 놓여 있었기 때문에 일본 대중문화와 관련하여 국제적인 법적 규제가 작동하는 일도 없었다.

이러한 상황에서 일본 대중문화 금지를 작동시켰던 것은 일본 대중문화의 유통과 소비를 문제시하는 사회적 담론이었다. '일본 대중문화 금지'를 주장하는 국내의 논의는 크게 ① 민족정체성론 ② 반일감정론 ③ 아동·청소년 보호론 ④ 국내 문화산업 보호론 등으로 나눌 수 있는데, 1960년대 이후 일본 대중문화 월경이 항시 존재하는 가운데 그것을 문제시하는 이들 담론에 의해 금지가 수행되었다고 할 수 있는 것이다. 그리고 금지의 담론 안에서 보더라도 그 안에서 이루어진 공식적·비공식적 유입을 단순히 '금지의 위반'이라고 할 수는 없다. 일본의 애니메이션과 만화가 한국 텔레비전 방송과 소년 잡지를 통해 소비되는 과정은 일본 대중문화의 직접적인 월경이 아니라 '일본'을 은폐하기 위한 수정과 변형, 즉 '왜곡'이 만들어낸 것이었기 때문이다.

2. 일본 애니메이션과 한국 텔레비전 방송

월경하는 TV 애니메이션

1970년대 한국사회의 가장 중요한 미디어는 텔레비전이었다. 1968년에 12만 대에 불과했던 텔레비전 수상기의 보급 대수가 이후 정부의 적극적인 보급 정책을 통해 비약적으로 증가해 5년 후인 1973년에는 120만 대, 1978년에는 500만 대에 달했는데,[19] 이와 함께 어린이들의 관심도 만화에서 텔레비전으로 빠르게 옮겨갔다.[20] 「우주소년 아톰」이나 「타이거마스크」 등의 TV 애니메이션은 새로운 텔레비전 시대의 대표적인 아동·청소년 문화였다. 애니메이션 프로그램은 작품의 배경이나 주인공의 이름을 바꾸는 등의 방법으로 '왜색의 제거'를 시도했다. 첫 번째 방법은 '국적 변경'이었다. 「타이거마스크」 방영 개시 당시의 신문기사가 보여주듯, 당시 다수의 작품은 미국산 혹은 국산 만화영화로 소개되었다.

> 동양TV는 프로 개편에 따라 17일부터 매주 수요일 저녁 7시 새 만화영화 타이거마스크를 방영한다. (…) 10년 전 미국 어느 마을 고아원에 톰이란 소년이 있었는데 (…) 톰 소년의 성공담은 어린이들에게 지혜와 용기를 북돋워줄 것이다.
>
> 「TV」『중앙일보』 1971. 2. 17.

또한 1971년 「한국 만화 실태 조사 보고서」는 "심사를 받은 만화

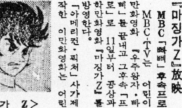

「마징가Z」를 미국산으로 소개하는 기사, 「마징가Z 방영」, 『중앙일보』 1975. 8. 7.

들 가운데 한국 국기를 달고 있는 일본 운동선수가 나오는 것도 있
다"고 지적하고 있는데, 이 역시 일본 만화의 국적을 가리는 과정에
서 일어난 일이었다. 사진에서 보듯 「마징가Z」도 처음에는 '미국산
공상 과학 만화영화'로 소개되었다.

　'국적의 변경'을 위해 사용된 방법은 적극적인 번역이었다. 「마징
가Z」의 경우 오리지널판 주인공의 이름 '가부토 고지兜甲'는 알려진
대로 '쇠돌이'라는 한국어 이름으로 소개되었는데 「마징가Z」와 같이
미국산으로 둔갑한 작품도 이런 번역을 통해 한국산이라는 이미지
를 심어주는 효과를 가져왔다. 「마징가Z」의 주제가를 한일 축구 경
기의 응원가로 불렀던 것에서도 알 수 있듯이 대부분의 일반 시청
자는 이 작품을 국산 애니메이션으로 인지하고 있었던 것이다. 예를
들어 1975년의 TV 애니메이션을 분석한 『방송윤리』를 보면 공상과
학물, 동화물, 탐험/모험물, 서부극 등으로 분류하여 '전쟁 소재 과
다' '리얼리티 부족' '외래어 남발' '폭력적 언어 사용' 등의 문제를 지
적하고 있으나, 작품의 국적에 대해서는 전혀 언급하고 있지 않다.[21]

이는 당시 방영되었던 것들이 일본 애니메이션이 아니라는 공식적인 전제가 있었기 때문일 것이다.

주제가의 경우, 곡의 멜로디는 그대로 두고 가사만을 번역한 경우가 많았다. 음악평론가 이영미의 경험을 보자.

어렸을 때에 이 「황금박쥐」 주제가와 관련된 흥미로운 경험이 있다. 어느 날 「황금박쥐」 시간이 되어 오빠, 동생과 함께 텔레비전 앞에 나란히 앉았다. 주제가가 나오고 광고가 나오고 나서야 만화가 시작되는데, 어럽쇼, 멋진 전주 뒤에 흘러나오는 주제가가 일본어 가사였다. 아마 주제가 테이프를 잘못 튼 모양이다. 아마 방송국에서는 엄청난 방송 사고에 난리가 났을 것이다. 일본어를 못 알아듣는 우리로서는 그 일본어 가사가 얼마나 우리말 가사와 일치하는지 알 수 없었지만 실버바톤이란 단어가 명확하게 들렸고(실버바톤은 황금박쥐가 들고 다니는 무기다), 같은 말을 두 번 반복하는 "어디, 어디"라는 독특한 대목도 뭔가 간단한 단어를 두 번 반복한 것으로 보아, 대개 일본어 가사를 거의 그대로 번역했을 것이라고 짐작했다.

이영미, 『홍남부두의 금순이는 어디로 갔을까』, 황금가지, 2002, 135~136쪽

어린 이영미가 짐작했던 대로 실제로 「황금박쥐」의 한국어 주제가는 같은 멜로디에 가사를 바꿔 방송된 것이었고 그 내용도 일본어 주제가와 거의 같았다. 「황금박쥐」(1967) 이외에도 「우주소년 아톰」(1970) 「마징가Z」(1975) 「캔디캔ㄷィ·캔ㄷィ」(1977) 「독수리 오형

제科学忍者隊ガッチャマン」(1979) 「은하철도999」(1981) 등 다수의 작품에서 오리지널판과 같은 멜로디의 주제가 쓰였다.

흥미로운 것은 해당 작품에 대한 평가가 전환되는 과정이다. 「마징가Z」의 경우 처음 미국산으로 소개될 때는 "어린이들에게 흥미와 지혜를 가져다주는 우주과학을 소재로 한 교학적인 영화"[22]라는 긍정적인 평가가 내려졌으나 1970년대부터 일본 애니메이션의 국적이 조금씩 드러나자, "어린이들에게 흥미와 지혜를 가져다주는" 만화영화는 일본산이라는 꼬리표와 함께 '왜색 저질 문화'의 상징적 존재로 여겨지기 시작했던 것이다. 예를 들어 『중앙일보』는 「서부소년 차돌이荒野の少年イサム」「해치의 모험昆虫物語」「우주삼총사ゼロテスター」등의 만화영화가 일본산임을 지적하면서 미국 영화 회사를 통해 간접 수입된 일제 만화영화의 국적을 확인하는 방법으로 등장인물의 동작이 어딘가 부자연스럽고 한국 이름이 붙어 있으면 틀림없이 일본 것이라도 쓰고 있다.[23]

1970년대에 TV 애니메이션의 '국적' 문제는 정부 기관 수준에서도 인지되고 있었다. 1976년 방송윤리심의평가서의 「어린이 프로그램 편성 현황」에는 「요술공주 샐리」「마린보이」 등의 작품이 해외 순정 만화, 해외 공상 과학 만화로 분류되어 있었다. 또 국회 문화공보위원회에서 "어린이 대상 방송 시간대 만화영화가 대부분 일본 등 외국물"이라고 지적되기도 했다. 외국 문화에 대한 규제의 움직임이 사각지대에 놓여 있던 외국산 아동용 프로그램으로 확산되어 국내 제작물로 대체해야 한다는 방침이 방송윤리위원회의 의제로 오르기도 했고,[24] 1976년 국회에서 유신정우회 송효순 의원이 TV 애니메이션의 '일본 국적'에 관해 다음과 같이 지적하기도 했다.

"그 어린이 시간에 전담 프로를 내보내고 있는데 여기 지금 만화영화를 보면 말이에요, 이것이 전부가 일본 것이에요. 여러분! 보셨을 겁니다. 거기에 나오는 복장이라든가, 일본 하가마, 그 다음에 일본 복장 전부 그대로 나와요. 거기다가 녹음만 우리말로 하고 있는데 일본 사람들이 만든 만화에 담긴 그 사람들의 감정과 목적이 어떻게 한국 사람 한국 어린이들이 보는 것과 같습니까? 우리 한국에서는 만화영화 하나 만들 재간이 없다는 것입니까? 이것 당장 내일부터라도 일본제 만화 갖다가 우리가 녹화해가지고 트는 것 이런 거 전부 걷어치우세요. 각 방송국에서 나오는 것 무슨 만화, 무슨 만화하는 것 전부가 일본 것이에요."

대한민국국회, 「제96회 예산결산특별위원회회의록 제11호」, 1976. 11. 22.

이에 대해 김성진 당시 문화공보부 장관은 방송윤리위원회에 의한 철저한 단속과 재발 방지를 약속하고 있다. 그러나 서슬 퍼렇던 유신시대 장관의 이런 다짐에도 불구하고 이후에도 일본 애니메이션은 어린이 시간대 편성에서 압도적인 비율을 유지했다. 당시의 텔레비전 편성표를 보면 1976년을 통틀어 방영된 애니메이션 11개 작품 중 8개가 일본산(미국산 2개, 유럽산 1개)이었는데 1977년에도 15개 작품 중 10개가 일본산 애니메이션이었다(미국산 4개, 유럽산

1개). 이러한 숫자는 텔레비전이라는 새로운 미디어가 얼마나 적극적으로 일본 대중문화를 받아들였는가를 보여줌과 동시에 매스미디어의 상업주의와 대중의 욕망이 국가의 권위주의적 규제의 영향력을 웃돌고 있었다는 점을 뚜렷이 보여주고 있다.

즉 텔레비전 방송은 1970년대 이후 직접적인 법적 규제가 작동하지 않는 일본 대중문화 금지의 구조 아래에서 '일본'을 은폐한 채 일본 애니메이션을 적극적으로 '유입하는 미디어'로 기능했다. 거기에는 시청률과 함께 비용도 중요한 요인으로 작용했다. 당시 외국산 애니메이션의 수입 가격은 영화나 드라마에 비해 비교적 저렴한 35~70만 원 정도였는데 이런 콘텐츠를 놔두고 1500만 원에 달하는 제작비용을 감당하며 국산 애니메이션 제작에 나선다는 것은 당시 방송국들로서는 "생각할 수 없는 일"[25]이었다. 1970년대 중반 KBS 부사장 겸 방송총국장을 역임한 최창봉이 말하듯 초창기 텔레비전 방송의 편성표를 채울 소프트웨어와 시청률의 확보는 정부가 내세우는 민족주의보다 훨씬 더 절실한 문제였고, "저렴하면서도 아이들이 좋아하는"[26] 일본 애니메이션이야말로 가장 효과적인 콘텐츠 중 하나였던 것이다.

1980년대에도 일본 애니메이션의 방영은 계속되었다. 당시의 편성표를 보면 방영된 일본산 애니메이션 수는 1981년 20개(미국산 6개), 1982년 19개(미국산 4개), 1983년 21개(미국산 6개), 1984년 14개(미국산 8개)로 압도적인 비율을 유지했다. 이러한 현상은 『방송심의』 지상에서도 문제시되었다.

또한 문제점이 많은 것이 어린이용 만화영화였다. 국적이나 정서적인
면에서 불투명한 이미지를 풍겨댔던 영화로 「은하철도999」와 「천년
여왕」이 있다. 「은하철도999」의 경우 우주 시대에 맞춘 공상 과학 영
화의 범주라고 하지만 설익은 인생철학이나 주인공인 철이와 메텔과
의 관계 등이 애매하게 처리되었고, 「천년여왕」의 경우는 한술 더 떠
서 일본의 전설을 소재로 한 작품이라고들 쑥덕거리는 바람에 급기
야는 도중 하차당하고 말았다.

「TV영화의 수입다중화」『방송심의』1983. 11.

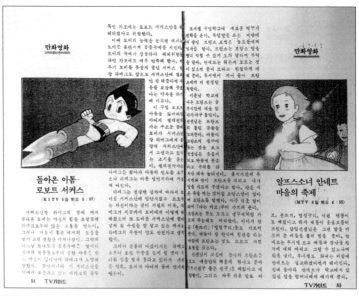

「만화영화」『TV가이드』1983. 12. 31.

일본을 禁하다

그러나 방송비평의 수준에서 일본 애니메이션의 문제가 비판적으로 다뤄지는 일은 있어도 그러한 비판이 실제 심의의 수준에서 나타나는 일은 거의 없었다. 오히려 새로운 작품의 방영 간격이 점점 짧아졌다. 일본에서 1983년 1월 9일부터 12월 25일에 방영된 「알프스 소녀 안네트」가 한국에서는 1983년 11월 4일에 MBC에서 방영을 시작했다.

한일 간 애니메이션의 제작 구조

1968년 7월 17일, 서울 국제극장 앞은 30미터 정도의 긴 줄을 선 어린이들로 북적였다. 약 7000장의 입장권이 아침 8시 20분에 이미 매진되어 있었다. 바로 애니메이션 「황금박쥐」 극장판 개봉일의 풍경이었다.[27]

인기 애니메이션 「황금박쥐」는 'TBC가 만든 최초의 만화영화'로 소개되었으나 일본과 합동 제작한 사실상 '일본산'이었다. 극장판 광고를 보면 제작사명이 TBC와 제일동화로 되어 있는데 정확하게 말하면 하청 형태로 한국에서 제작된 것이다. 한일국교정상화 이후 유명 만화영화감독 모리카와 노부히데森川信英가 한국에 파견되어 한국의 인력과 함께 4년간의 공동 작업을 거쳐 「황금박쥐」와 「요괴인간」(일본어 제목: 妖怪人間ベム)을 만들어낸 것이다. 합작은 제1동화란 일본 측 회사의 이름으로 제1기획이 기획, 시나리오, 스토리보드 등의 작업을 맡고, 한국 TBC의 동화제작부가 작화를 담당하는 방식으로 이루어졌다.[28]

「황금박쥐」의 극장판 신문 광고. 『경향신문』 1968. 7. 8.

스토리 구성과 연출 등 거의 모든 면에서 일본산이었던 「황금박쥐」가 한국 TBC에서 방영될 수 있었던 데에는 이러한 하청 구조에 의한 제작이라는 배경이 있었다. TBC 초대편성국장을 역임한 최덕수는 「황금박쥐」에 관해 다음과 같이 말하고 있다.

"TBC가 최초의 애니메이션 영화를 만들었어요. 그게, 「황금박쥐」를 만들었어요. 「황금박쥐」 만든, 그런 그림을 셀이라 그러는데, 그 셀을 제가 들고 오사카TV에 갔어요. 오사카TV가 키스테이션이에요. (…) 그다음에 「요괴인간」이란 게 또 나갔죠. (…) 그 애니메이션 만들던 팀들이 흩어져서 한국 애니메이션의 기본이 된 거에요. 그러니까 동양TV의 애니메이션, 동화부라 그랬는데, 그 역할이 큰 거죠. 이병철 회장님의 아이디어로 시작됐고, (…) 일본하고 관계가 깊으니까…"

『방송문화진흥회』(2007d), 245~246쪽

최덕수가 말하듯 TBC의 동화부는 곧바로 해체되어, 이후 「황금박쥐」를 생산한 한일 합작 시스템이 유지되는 일은 없었다. 이와 같은 경험은 한일 합동 제작이라는 역사적인 의미를 가지고 있었으나 합작 메커니즘이 다양화되기 전에 단발적인 프로젝트로 끝나버림으로써 하청이라는 방법만이 정착했고, 한국 애니메이션 산업이 하청에 과잉 의존하게 되는 구조를 낳았다. 이후 1987년에야 최초의 국산 TV 애니메이션 「떠돌이 까치」가 방영된 것을 생각하면 그 영향력은 매우 컸다고 하겠다.

그럼에도 불구하고 한국 대중문화 전반을 생각하면 이 4년간의 경험이 끼친 영향은 이항대립적으로 판단할 수 없는 것이었다. 「황금박쥐」의 제작과 유통, 소비의 과정은 한일국교정상화를 둘러싼 불만과 불안, 기대를 동시에 안고 있던 1960년대 후반의 한일관계와, 일본이라는 타자에 대한 한국사회의 문화적 감수성을 상징하는 사례였다. 하청의 프로세스를 문화적 종속이 아닌 대중문화의 도입과 형성 과정의 하나로 본다면 「황금박쥐」는 해방 후 한국 대중문화가 일본 대중문화를 공식적으로 도입한 최초의 경험이었던 것이다.

또한 일본 TV 애니메이션 방송을 일본 대중문화 금지에 대한 위반으로 단순화하는 것 역시 무리가 따른다. '법적인 것'으로서의 금지의 측면으로 보면 그것은 위반이 될 수 있겠지만 사실상 법적 장치를 작동시키는 법 제도가 부재하는 가운데 번역, 각색된 일본 애니메이션에 대해서는 '금지'를 수행하는 '부인의 메커니즘'이 작동했기 때문이다. '금지'를 수행하는 데 중요한 목표가 그것을 유지시키는 것이라고 한다면, 제3국을 경유한 배급 구조에서도 하청 구조에서도 일본 애니메이션은 항상 일본산이 아닌 것으로서 월경하고 있었다.

여기까지 살펴본 대로 당시의 텔레비전 방송은 권력의 정통성을 인위적으로 유지시키기 위한 선전 및 상징, 날조의 수단이자 성장 촉진을 위한 에이전트이면서 동시에 상업적인 미디어로서 국민적 오락의 제공과 탈정치화, 탈이데올로기화 기능을 수행했다. 특히 편성의 측면에서는 자본이 주도권을 잡게 되면서 국가와 미디어의 '병렬적 이원 구조'[29]가 구축되었다. 그러한 이원 구조하에서 '금지'의 위반이 부인되는 가운데 「철완 아톰」이 「우주소년 아톰」으로 날아들어오게 된 것이다.

검열의 작용과 금지 담론의 생산 프로세스

이러한 경계 침범이 이루어지는 가운데 검열의 기능을 맡은 건 사회적 담론이었다. 특히 미디어는 일본 대중문화의 부정성을 생산하면서 그 접촉에 대한 '양심', 즉 '위기감에 기초한 사회적 불안'[30]을 확산시켰다. 신문은 그것을 가장 활발하게 자극하는 미디어였다.

한국의 국가형성기에 내셔널리즘 선전의 중요한 수단이었던 신문은 반일 담론에 있어서도 적극적인 역할을 담당했다. 해방 직후부터 "오랜 탄압의 결과로 남아 있는 왜색을 하루바삐 지워버리자"[31]며 이후 왜색 일소 담론을 주도하고 일본 대중문화 유입 상황에 대한 비판을 이어간 것도 신문이었다. 특히 한일국교정상화를 전후로 일본 대중문화 월경이 활발해져가는 상황에서 각 신문은 당시의 분위기를 '일본 붐'이라 규정하고 일본 대중문화 유입을 '문화 제국주의'의 한 갈래로 보았다.

일본을 禁하다

한때 유행가 업계에서 일어났다가 잠잠해진 일본 '붐'이 최근 또다시 출판계로부터 일어나기 시작하였다. (…) 일본 신문, 단행본 등은 물론 심지어는 밀수입해 들어오는 도색 잡지에 이르는 출판물들이 온통 시중에 범람하고 있다. (…) 이런 식으로 일본 문화를 그대로 수입한다는 것은 앞으로 한일 국교의 재개를 앞두고 홍수처럼 밀어닥쳐 올 일본 문화의 밀물에 대처할 수 없을 뿐만 아니라 극도로 우리 문화의 주체성이 약화될 우려까지 엿보이고 있다.

「일본 문화범람」,『조선일보』1963. 12. 3.

이러한 움직임은 한일국교정상화 이후 더욱더 활발해졌다. 제1차 한일 각료 회의에서 일본 영화의 수입 문제가 다뤄지고,[32] 이에 대해 이춘성 공보부 장관이 "일반인에게 공개하지 않는 조건으로 일본 영화의 수입을 허가한다"[33]고 발표하는 등 일본 영화의 수입 문제가 부상하는 한편 국제적인 지위를 획득한 일본 영화가 아시아 영화제 등을 통해 공개되기도 했다.

1966년 서울에서 개최된 아시아 영화제에서는 「만춘」(일본어 제목: 晩春), 「일본 도둑 이야기」(일본어 제목: にっぽん泥棒物語) 등이 상영되었고, 1968년에는 같은 영화제에서 일본 배우 프랑크 나가이フランク永井가 '한국에서 처음으로 일본의 유행가를 불렀'[34]는데, 한국 언론은 이런 이벤트들을 '일본 업계와 정부에 의한 일본 영화 상영 작전의 척후병'[35]으로 경계했다. 일본 문화의 활발한 소비와 그에 대한 한국 정부의 애매한 태도, 그리고 일본 영화 수입 문제를 둘러싼 한일 정

1968년 '아시아 영화제'의 풍경 「韓國の日本歌謡」『朝日新聞』 1968. 9. 1.

부와 업계의 움직임 등이 복잡하게 얽히면서 그것을 비판하는 사회적 담론이 잇따라 생산되고 있었던 것이다.

당시 신문이 문제시했던 일본 대중문화 유입은 소설, 만화, 가요, 애니메이션 등 거의 모든 장르를 망라했다. 그중에서도 일본 애니메이션에 대한 신문의 비판이 본격화된 계기는 1970년 「손오공의 대모험」(일본어 제목: 悟空の大冒険)의 방영이었다. 당시 KBS에서 방영된 이 작품이 신문 보도에 의해 '일본의 무시蟲프로덕션과 후지TV가 공동제작한, 우리나라에서는 처음 일반에 공개되는 일제 필름'36으로 소개되면서 그 국적이 처음으로 밝혀진 것이다. 동시에 신문들은 정부의 애매한 태도를 다음과 같이 비판했다.

(…) 이 영화는 일본 무시프로덕션과 후지TV가 제작한 순일본제 영화. KBS는 당초 이 영화가 일본제임을 밝히려 하지 않았으나 말썽이 생기자 "손오공은 외국 수출을 목표로 한 것으로 일본 냄새가 전연 없고 어린이를 위한 건전한 작품"이라고 해명하고 나섰다. (…) 문공부가 일본 영화 수입 허가를 하고 있지 않을 뿐 아니라 일본 영화 감상회조차 허가하지 않는 현 실정에서 문화공보부 산하 기관인 KBS

일본을 禁하다

가 일본 영화를 방영한다는 것은
정부 시책의 모순일 뿐 아니라 앞
으로 다른 민간 상업 방송에 사
실상 각종의 일본 영화를 들여올
수 있는 길을 터준다는 데에도 큰
문제점이 있다.

「동심에 일본색 오염」『동아일보』
1970. 4. 22.

國營放送에 放映중인 日製만화영화「손오공」·

「동심에 일본색 오염」「동아일보」 1970.
4. 22.

또한 각 신문은 미국 등 제3국을 거쳐 수입되어 한국산으로 번
역되는 일본 작품을 어린이 정서를 침해하는 저속한 문화로 규정
하고 비판했다. 그러나 작품의 국적에 관한 정보는 신문마다 달랐
다. 1971년 당시 3대 방송국에서 방영된 애니메이션은 KBS가 「철인
28호」「해치의 모험」 등 일곱 작품, TBC가 「황금박쥐」「우주소년 아
톰」 등 일곱 작품, MBC가 「밀림의 왕자 레오」(일본어 제목: ジャングル
大帝)「우주의 왕자 빠삐」(일본어 제목: 遊星少年パピイ) 등 네 작품으
로, 대부분이 일본 작품으로 채워져 있었으나 "만화영화는 대부분
이 미국 제품이지만 일본에서 가공되는 사실상의 일본 제품으로 어
떤 것은 데생조차 조잡해 어린이의 정서에 좋은 거름이 되지 못하
고 있는 형편"37이라고 쓴 신문도 있었다.

이처럼 일본 애니메이션의 방영을 둘러싼 신문의 비판은 ① 일
본제의 범람과 어린이에 대한 악영향 ② 저속한 대중문화의 해악

③ 국내 TV 애니메이션 작품의 부재 등의 내용으로 구성되어 있었는데, 이와 같은 구도는 한국이 대중소비사회로 진입하기 시작한 1980년대에는 '80년대적 현상'으로 인식되며 반복 재생산되었다.

> 일본 문화를 무분별하게 받아들여서 한국을 '일본처럼' 만드는 오늘의 지도층들은 깊이깊이 반성해야 한다. (…) 특히 1980년대 초부터 일본 방송을 모방한 것이 극심했다. 어린이 만화영화 「개구리 왕눈이」(KBS-1TV)나 「캔디」 「마린보이」 「아톰」 「타이거마스크」 등이 모두 일본 제작물이다.
>
> 「방송 언어의 일본말 찌꺼기」 『방송심의』 1989. 9. 23.

이렇게 반복되는 일본 애니메이션 비판은 "어린이들이 조잡하고 저속한 문화에 접촉하고 있다"는 하나의 프레임을 만들어냈다. 일본 대중문화의 유통, 표절 및 모방에 대한 비판이 급속히 상업화되어가는 국내 대중문화의 저질화라는 측면에서 논의되었던 것이다. 지금 상황에서 돌이켜보면, 권위주의 독재 정권에 의한 통치가 계속되면서 사회에 대한 다양하고 자유로운 목소리가 부재했던 상황에서, 일본 대중문화의 월경에 대한 감시, 고발, 비판이 신문 이외의 장에서 본격화된 것은 한국사회에서 시민단체가 활성화되기 시작한 1990년대 이후였다. 따라서 1970~1980년대의 일본 대중문화 유입에 대해 적극적으로 비판의 목소리를 냈던 미디어는 신문 이외에는 거의 존재하지 않았다고도 할 수 있다.

그러나 그 효과에 대해서는 비판적으로 검토할 필요가 있다. 1970년대는 이른바 유신 체제 아래 정권에 대한 비판이 극도로 제한된 시기였다. 신문이 정권의 애매한 태도까지 비판의 대상으로 두면서 일본 대중문화 금지 문제를 사회적으로 (재)생산할 수 있었던 것은 그것이 친일파와 같은 정치적 문제가 아니라 대중문화의 문제였기 때문이다. 이는 신문이 확장시킨 사회적 담론이 대중문화에 대한 공적 및 사적 검열을 강화시켰다는 것을 의미한다. 즉 신문의 비판은 일본 대중문화 금지 그 자체가 가지고 있던 여러 구조적 모순에 향하기보다는 미디어의 상업주의와 대중의 소비 패턴에 의한 일본 대중문화 유입에만 초점을 맞춤으로써 내셔널리즘에 기초한 사회적 각성을 끊임없이 불러일으켰다. 그리고 그것은 결국 '부인의 메커니즘'을 구성하는 요소로 작동했다.

미디어 산업과 미디어 담론의 교착

일본의 TV 애니메이션 방송을 일본 대중문화 금지의 구조 속에서 보면 텔레비전은 '위반하는 미디어'로, 신문은 '검열하는 미디어'로 기능했다고 볼 수 있다. 그러나 여기서 다음과 같은 의문이 생긴다. 신문의 감시와 고발은 왜 일본 애니메이션 방영에 직접적인 영향을 끼치지 못했을까. 신문은 왜 일본 애니메이션의 유통과 소비를 감시, 고발, 비판하면서도 한편으로는 일본 애니메이션의 프로그램 소개를 계속했던 것일까. 이 명확한 프레임은 과연 타당한 것일까.

여기서 1971년의 시점으로 거슬러 가보자. 다음의 두 신문기사는 애니메이션에 관련된 것이다.

근래에 이르러 저질 만화가 도태되고 만화나 만화영화들이 재미와 함께 어떠한 문제점을 제시하게 되자 만화영화 '팬'들의 설은 어른들까지로 확대되었다. 특히 TBC의 「타이거마스크」는 어린이들보다 오히려 어른들이 더 즐겨 볼 정도.

「TV」『중앙일보』 1971. 8. 10.

TBC라디오 「소년극장」은 8월 1일부터 『소년중앙』의 인기 만화 「태양을 쳐라」를 방송한다. 「태양을 쳐라」는 천재 야구 선수 장웅의 집념과 투지, 통쾌한 경기 장면을 재현하고 있다.

「소년극장 신프로」『중앙일보』 1974. 7. 29.

하나는 텔레비전 방송, 다른 하나는 라디오 방송에 관한 프로그램을 소개한 두 기사에는 세 가지의 공통점이 있다. 하나는 방송국이 모두 TBC라는 점, 또 하나는 소개되고 있는 작품 「타이거마스크」와 「태양을 쳐라」가 『소년중앙』에 연재되었다는 점, 마지막으로 TBC와 『소년중앙』 그리고 이 기사를 게재한 『중앙일보』는 동일한 소유주인 삼성을 모기업으로 하고 있었다는 점이다.

1960년대 후반부터 차례로 창간된 소년 잡지는 1970년대의 주요 아동문화 미디어로 그 영향력을 발휘했는데, 그중에서도 유력지였던 『새소년』(1964) 『어깨동무』(1967) 『소년중앙』(1968) 등이 극심한 경쟁관계에 있었다. 일본 만화는 TV 애니메이션과 함께 이 경쟁에서 가장 중요한 콘텐츠로서 ① 한국 만화가가 모사하여 자신의 이름을 붙이는 방식 ② 그대로 복사하여 가공의 한국 작가의 이름을 붙이는 방식으로 게재되었는데, 해적판을 제외하면 거의 대부분이 이 세 잡지를 통해 발행되었다고 해도 과언이 아니다. 그리고 이 경쟁 체제의 한 축이었던 『소년중앙』은 『중앙일보』의 자매지였다.

> 권투 만화로는 『소년중앙』 부록으로 나오던 「허리케인」이 압권이었다. 그것이 일본 만화인 줄은 꿈에도 몰랐지만, 그러나 재미 하나는 대단했다. (…) 마찬가지로 『소년중앙』 부록이지만 동시에 만화영화로도 인기리에 방영되던 레슬링 만화 「타이거마스크」도 빼놓을 수 없다. 내용도 내용이지만 "사각의 정글 속에서 오늘도 비바람이 몰아쳐 온다"던 주제곡은 어찌 그리 애절하던지!
>
> 이성욱, 『쇼쇼쇼: 김추자, 선데이서울 게다가 긴급조치』,
> 생각의나무, 2004, 78~79쪽

당시의 일본 만화는 그 복장이나 스토리의 배경에 등장하는 왜색을 지우고 한국적인 것으로 각색하는 형태로 소비되었다. 앞의 표에서도 알 수 있듯 당시 다수의 일본 만화가 소년 잡지나 문고판을 중심으로 한국 만화로 유통되고 있었는데 만화 업계에서 쓰이던 방법들이 TV 애니메이션에서도 적용되었다고 할 수 있다. 여기에는 반일 감정을 자극하지 않기 위해 현지 작가를 기용하는 것을 조건으

1970년대에 한국 작가명을 통해 소개된 일본 만화

한국어 제목	한국어 작가명	일본어 제목	일본어 작가명
바벨2세	김동명	バビル2世	横山光輝
유리의 성	정영숙	ガラスの城	わたなべ まさこ
서부소년 차돌이	유석산	荒野の少年イサム	川崎のぼる
철인 다이모스	신종환	ダイモス	横山光輝
오똑이 대행진	윤동원	1.2.3.と4.5.ロク	ちばてつや
인형의 무덤	정영숙	人形の墓	美内すずえ
샤넬의 향기	황수진	シャネル No.5	わたなべ まさこ
은발의 아리사	황수진	銀色の髪の亜裏沙	和田慎二

로 한 일본 출판사 측의 의도도 포함되어 있었다.[38] 이러한 일본 만
화 유통에 대해 『조선일보』 사설은 다음과 같이 비판하고 있다.

우선 거리에 나도는 만화의 83.5퍼센트가 불량 만화로 밝혀진 사실
에서 우리는 놀라움을 금치 못하며, 이것으로도 아동 만화의 사회성
이 심각히 부각됐다고 본다. (…) 이웃 나라 사무라이 풍의 번안 각색
과 방울눈물을 단 여주인공의 그림 모방 등이 부인할 수 없는 주류
임을 본다면 (…) 하루바삐 우리는 칼로 나라를 세운 이웃 나라 '칼
의 역사'로부터 우리 어린이를 보호하도록 탈피해야만 하겠다.

「사설-아동 만화의 문제점」 『조선일보』 1976. 11. 7.

즉 당시의 신문이 일본 대중문화의 유입에 대한 검열의 역할을
한 것은 분명하지만, 신문과 방송의 역할이 단순히 상반된 것이었다
고 설명하기는 어렵다. 그 배경에는 1970년대 복합 미디어 기업이 갖

는 특수한 구조라는 맥락이 있었다. 당시 한국의 미디어 산업은 특정한 기업에 집중되는 대기업화와 그로 인한 신문, 방송의 교차 소유를 하나의 특징으로 하고 있었다. 특히 삼성 그룹을 중심으로 한 『중앙일보』, TBC 등의 복합기업화가 그 대표적 사례라고 할 수 있다. 삼성은 1960년대부터 신문, 텔레비전, 라디오 등 세 미디어를 통합하여 경영하고 있었는데 그것은 삼성 스스로의 계획에 의한 것이기도 했지만 동시에 친정부적인 미디어의 재생산 시스템을 이용하고자 하는 정부의 정치적 목적에 의한 것이기도 했다. 재벌의 방송 소유, 미디어 교차 소유, 재허가 기준 등이 법적으로 규정되지 않는 상황에서의 일이었다.[39]

이러한 미디어 산업의 구조는 미디어 간의 상호 비판 기능을 약화시키고 미디어가 소유주의 시장 지배 강화 및 보호를 위해 이용되고 극단적인 상업주의에 함몰된다는 측면에서 1970년대 한국 미디어 산업구조의 가장 심각한 문제로 지적되어왔다.

따라서 신문과 텔레비전을 포함한 당시의 주류 미디어는 이러한 특수한 맥락 위에서 일본 대중문화의 침투에 대한 감시와 고발, 비판, 즉 검열의 역할을 하는 한편 일본 대중문화를 둘러싼 경제적 이해관계의 당사자로 기능하고 있었다고 할 수 있다. 즉 명확한 명령 권력과 강제를 행사하는 주체가 부재하는 상황에서, 미디어는 일본 대중문화의 유입에 대한 검열과 이해 당사자로서의 유통, 소비에 동시에 관여하는, 매우 양가적인 위치에 놓여 있었던 것이다.

이러한 미디어의 모순된 역할은 일본 대중문화 금지 그 자체가 생산한 것이기도 했다. 법 제도가 부재하는 가운데, 미디어가 유입과 그 유입에 대한 검열 양쪽에 관계하면서 '금지'를 재생산시키는 '부인의 메커니즘'의 주요 기구로 작동하고 있었던 것이다.

3. 비디오의 보급과 해적판으로서의 일본 대중문화

대중 소비 사회로의 진입과 일본 유행가 붐

전두환 정권기(1980~1987)는 문화 영역에 대한 권력의 통제가 극단적으로 이루어진 시기였다. 1980년 언론 통폐합과 더불어 시작된 '공영방송' 시스템 안에서 방송은 사실상 정부의 홍보 수단으로 기능했으며 정부의 폭압적 정책은 미디어 대중문화 전반을 통제하는 힘으로 작용했다. 1970년대부터 유지된 사전 및 사후 검열은 물론, 문화와는 직접적으로 관계없는 공안 관련의 법적 조치까지 문화예술을 억제하는 수단으로 활용되었다. 그러나 이 기간은 내수시장의 확대에 의해 막대한 독점 자본이 문화산업 전반에 투입되었던 시기이기도 했다.[40] 즉 5공화국의 문화 공간은 정부의 정치적 억압과 자본의 경제적 독점이라는 두 힘에 의해 통제되어 있었던 것이다.

동시에 1980년대는 고도성장을 거쳐 본격적으로 대중소비사회로 이행한 시기이기도 했다. 대량 생산과 대량 소비를 중심으로 하는 상업문화가 뉴미디어와 함께 등장하면서 일본 대중문화도 다양한 형태로 유입되었다. 특히 소니의 워크맨의 등장과 함께 유행하기 시작한 휴대형 스테레오 카세트 플레이어나 비디오, TV게임 등의 새로운 미디어는 일본 대중문화를 해적판의 형태로 확산시켰다. 지상파 텔레비전이 공적 미디어로서 방송윤리위원회나 방송심의에 의한 통제와 관리의 대상이었던 것과는 대조적으로 이들 새로운 미디어는 사실상 국내의 법 제도로는 통제가 불가능한 것이었다. 이 소비의 주체가 되었던 것은 새롭게 형성된 '중산층'이었다. 비디오나 워크맨의 보급과 10대 소비층의 부상은 바로 중산층 가족의 등장과 그 맥락을 같이했다.[41]

비디오와 오디오, 카세트테이프리코더 등의 복제 미디어의 보급은 폐쇄적이고 일방적이며 수동적이었던 1970년대까지의 소비문화 패턴에 매우 커다란 영향을 끼쳤다. 해적판 테이프를 판매하는 거리의 풍경은 1980년대에는 도시 공간의 일부였다. 당시 한국음반협회의 집계에 의하면 부정 불법 음반의 적발 수는 1978년 118건에서 1979년 397건으로, 1979년 한 해에만 40만 장 이상의 해적판 음반이 압수되었다.[42] 그러나 당시의 「저작권법」이나 「음반에 관한 법률」만으로 쏟아져 나오는 불법 음반에 대응하는 것은 불가능했다. 1980년대부터 「음반법」의 개정안을 통해 불법 음반 규제가 강화되기는 했으나 음반 시장의 유통 질서를 변화시키는 데는 이르지 못했다.[43]

특히 일본 대중음악을 녹음한 해적판 음반의 인기가 높았다. 당시 길거리에서 판매되던 카세트테이프 중 일본 유행가의 가격(3000~5000원)은 미국 팝 음악(300~700원)보다 열 배 가까이 높았다.[44] 그 배경에는 젊은 층을 중심으로 한 일본 유행가 붐이 있었다. 그 유행은 당시 한국에 들어온 '가라오케'로 일본 유행가를 부르던 기성세대(일본어 세대 혹은 일부 산업화 세대)가 아니라 대학생이나 고등학생을 중심으로 확산된 새로운 현상이었다.

신촌이나 충무로와 같은 대학가와 번화가에서는 곤도 마사히코近

藤眞彦나 사이조 히데키西條秀樹, 마쓰다 세이코松田聖子 등 최신 유행가를 트는 다방이 유행했는데,[45] 서울 음악다방 14곳 중 반 이상이 일본 유행가를 틀었다는 영화 잡지 『월간스크린』의 르포도 있을 정도였다.[46] 이러한 움직임은 해적판 시장과 밀접하게 연계되어 해적판 카세트테이프의 가격은 600원에서 3000원까지 폭등했다.

젊은 세대가 주도한 일본 유행가 붐은 새로운 소비문화를 원하던 당시의 움직임 중 하나로 이해할 수 있다. "여자 고등학교에서 한 반 60명 중 35명이 일본 잡지를 애독하고 있다"[47]는 기사가 보여주듯 번역되거나 각색되지 않고 직접 유입되는 일본 미디어는 해외의 새로운 트렌드 정보원이었다. 이 시기의 10~20대 젊은 층은 그 '국적'을 인지한 상황에서 국내의 제재를 받지 않는 일본의 문화상품을 기존의 한국 문화에서는 경험할 수 없는 새로운 대중문화로 적극적으로 수용했다.

그러나 1980년대 일본 대중문화의 소비가 젊은 층에게만 한정된 현상은 아니었다. 젊은 층이 음악다방에서 곤도 마사히코의 〈긴기라긴니사리게나쿠ギンギラギンにさりげなく〉를 듣는 사이, 그와 같은 새로운 소비문화를 문제시하던 기성세대도 가라오케에서 이시다 마유미いしだあゆみ의 〈부루라이토요코하마ブルー・ライト・ヨコハマ〉를 불렀다. 컬러 TV방송을 개시한 텔레비전 방송에서는 군사 정권의 '황당무계한 공상 만화영화 방영금지 조치'에도 불구하고 여전히 「샛별공주魔法の妖精ペルシャ」「들장미소녀 캔디キャンディ・キャンディ」「요술공주 밍키魔法のプリンセスミンキーモモ」와 같은 일본 애니메이션이 국적을 가린 채 방영되고 있었고[48] 『non-no』『an·an』 등과 같은 젊은 층을 대상으로 한 패션 잡지 이외에도 『분게이슌주文藝春秋』『슈후토세이카쓰主婦と 生活』 등의 잡지가 활발하게 소비되고 있던 상황에 대한 신문의 비판도 계속되었다.[49] 즉 '소비'가 새로운 키워드로 부상한 1980년대 한국사회에서 일본 대중문화의 새로운 소비 패턴이 이미 구축되어 있던 일본 대중문화 금지의 공간과 활발하게 교착하면서 새로운 전개를 보이고 있었던 것이다.

비디오 보급과 해적판으로서의 일본 대중문화

일본 대중문화 금지를 둘러싸고 1980년대부터 새롭게 문제시된 미디어는 비디오였다. 한국에서 비디오라는 미디어가 정식으로 시장에 도입된 것은 컬러텔레비전 방송이 시작된 1980년 전후였다. 1979년, 대우, 삼성, 금성 등 대기업에 의해 최초의 국산 비디오덱이 생산되기 시작하면서 '한국 비디오 프로덕션' '세신영상공사' '한국 문화영상' '삼화비디오 프로덕션' '한국 비디오 자료개발원' 등 다섯 회사의 '비디오 프로덕션'이 문화공보부에 등록되어 비디오 제작과 극장판 영화의 복제, 판매를 맡은 것이 그 출발점이었다. 이전까지 일본의 비디오덱이 수입되어 90만 원대의 고가로 유통되고 있던 때였다.[50]

비디오에 관한 사회적 관심이 본격적으로 나타나기 시작한 것은 비디오덱 보급량이 50만 대 전후까지 증가한 1980년대 중반이었다. 『월간스크린』(1984. 3)『월간비디오』(1985. 4) 등 영화나 비디오 전문 잡지도 이 시기에 창간되었다. 그러나 유일한 비디오 전문 잡지『월간비디오』창간호에서도 밝히고 있듯, 비디오는 당시의 기대와는 달리 보급과 함께 '음성적으로 퇴폐적인 미디어'로 인식되기 시작했다.

우리는 초창기부터 비디오에 관한 그릇된 인식이 번져 비디오 자체를 생활문화 매체로 이용하기보다 오락적인 수단으로 전락시켜버렸다. 비디오 하면 저질, 도색 영화를 연상할 만큼 음지에서만 독버섯처럼 번져가고 있으며, 어딘가 은밀하고 비밀스러운 곳에서 감상해야 하는 것으로 착각하고 있다.

「비디오 문화 옹호론-왜 숨어서 보십니까?」『월간비디오』창간호

이와 같은 인식에는 당시 비디오 프로덕션의 소프트웨어 복제 및 판매, 미군과 외국인 관광객에 의한 외국 테이프의 밀반입 등에 의해 비공식적인 해적판 시장이 확대되면서 성적이고 폭력적인 영화 콘텐츠가 범람했던 것이 배경으로 작용했다.[51] 특히 비디오가 가전으로 각 가정에 보급되기까지의 풍경은, 1960년대 '가두 텔레비전'이 그랬던 것처럼, 도시 공간을 구성하는 새로운 미디어 현상이었다. 명동, 충무로, 남대문 등의 서울 시내 번화가에 있는 레스토랑이나 요정은 물론 다방과 사우나 휴게실에까지 설치된 모니터와 비디오덱으로 미군 PX나 해외여행자에 의해 반입된 일본 영화나 부산에서 녹화된 일본 텔레비전 프로그램을 틀었다.[52] 이런 해적판 비디오를 둘러싼 경험은 보급 단계부터 비디오에 대한 인식을 부정적으로 고

착시키는 하나의 원인이기도 했다.

'국가의 전략산업에 의한 내수 창출' '해외 영화 판권 경쟁구조' '불법 복제 비디오 유통'과 같은 특징을 가지고 급속하게 대중화된 한국 비디오 산업의 가장 중요한 콘텐츠는 외국의 소프트웨어, 특히 일본의 영화와 애니메이션이었다.[53] 부산에 월경해 들어오는 일본 텔레비전 프로그램이 비디오테이프에 녹화되어 서울 등지로 유통되기도 했다.[54] 이러한 일본 텔레비전 프로그램 비디오의 유통은 부산 지역에만 한정되어 있던 특수한 경험을 전국에서 체험할 수 있는 문화로 변화시켰다.

부산 일대에서 시청할 수 있는 일본 TV는 우리나라의 TV에 큰 영향을 미쳐오고 있다. 가끔은 일본 것과 똑같은 포맷의 프로그램이 방영되기도 한다. 또 비디오테이프에 복사된 일본 TV 연예물이 시중에 나돌기도 한다. (…) 근래 급속히 늘어나고 있는 도시 중심가의 비디오테이프 가게에는 일본 TV프로그램 복사판이 많다. (…) 시중 비디오테이프 가게의 물건 중 거의 50퍼센트 정도가 일본 제작의 연예물이다. 이것의 출처는 어디인가. 해외여행자의 가방에서 나오는 것도 있겠지만 관계자들은 이의 대부분이 부산 인근의 해안에서 녹화된 것의 복사판일 것으로 추정하고 있다.

「부산, 일본 TV시청 많다」『동아일보』1981. 7. 7.

가려져 있던 일본 대중문화의 국적이 비디오에 의해 밝혀지게 된 것도 이 시기의 일이었다. 한국어로 번역된 「마징가Z」의 주제가를 부르던 1970년대까지의 풍경은 오리지널 일본판을 녹화한 비디오를 접한 아이들이 일본어로 같은 멜로디를 노래하는 1980년대의 새로운 풍경과 공존하게 되었다.

지난달 서울 모 사립국민학교 운동회에서 응원가로 부를 노래가 달려 한 어린이가 응원가로 일본어 노래를 부르자 수많은 학생이 일본어 노래를 합창하는 사태가 빚어져 교사는 물론 구경 나온 학부모들을 아연실색케 했다. 이 학생은 집에서 VTR로 일본 만화영화 「마징가Z」를 보고 그 주제가를 부른 것인데 놀랍게도 이 노래를 부르자 다른 학생들도 원어 그대로 따라 불러 운동장에는 난데없는 일본 노래가 울려퍼진 것이다. (…) 서울 중구 소공지하상가의 S비디오 센터에서 팔고 있는 어린이 만화영화 테이프는 20개 중 16개가 일본어판으로 「마린보이」 「우주소년 아톰」 「알라딘과 마법램프」 등 어린이들이 즐겨 찾는 것들이다. (…) 강남구 압구정동 B비디오 상점에서도 「독수리 오형제」 「마징가Z」 「로보트 시그마」 등 일본 TV에서 방영된 적이 있는 우주 공상 만화영화를 어린이용으로 비치하고 있다.

「비디오테이프 가게 일본 만화 대여로 왜색 물드는 동심」
『조선일보』 1981. 6. 26.

비디오 보급이 가속화되면서 1980년대 중반에는 비디오를 대여, 판매하는 비디오 가게가 서울에만 400개에 달하고 1981년에 다섯 회사였던 비디오 프로덕션은 33개로 급증했는데,[55] 이러한 움직임과 함께 비디오에 관한 사회적 논의도 본격화되었다. 그중에서도 비디오, 영화 관련 잡지는 기존의 신문과 함께 비디오의 블랙마켓을 문제화하는 역할을 했다.

특히 비디오 전문 잡지 『월간비디오』의 편집 자세는 일본 소프트웨어 유입에 대한 '문제화'가 매우 양가적인 성격을 띠고 있었음을 보여준다. 『월간비디오』는 창간 당시부터 일본의 소프트웨어 범람을 지적하는 르포 형식의 기사를 게재해나가면서, 한편으로는 일본 소프트웨어를 잡지의 콘텐츠로 적극 활용했다. 전체 애니메이션 소프트웨어의 90퍼센트를 점하던 일본 비디오테이프의 유통을 비판하면서[56] 한편으로는 「추천 비디오 코너」에서 일본의 애니메이션 테이프를 소개하기도 했고, 일본 및 미국의 포르노 비디오가 미군 PX 등을 통해 밀수입되어 유통되고 있는 현실을 폭로하면서 또 한편으로는 일본의 성인비디오 테이프를 여배우들의 누드 사진을 포함한 상세한 프로필과 함께 소개하기도 했다.

비디오 왕국 일본에서 포르노 테이프가 전성기를 누리면서 소위 '비디오스타'들이 각광받고 있다. 10대 후반에서 20대 초반에 이르는 젊은 아가씨들이 대담한 포즈로 등장하는데 가히 섹스의 왕국다운 면모를 엿보게 한다.

「지구촌의 비디오/일본-요염한 몸매 자랑하는 비디오스타들」
『월간비디오』 1988. 5.

또한 사진에서도 알 수 있듯이 비디오 기술 관련 정보에 관한 기사의 경우, 일본의 자료 화면을 그대로 쓰기도 했다.

이처럼 비디오는 1980년대의 소비주의와 향락주의, 또는 저속하고 퇴폐적인 외국 문화 창구의 상징으로 소비되고 있었는데, 그 과정은 '초대된 문화 제국주의invited cultural imperialism'[57]로 일컬어진 비디오의 전 세계적 보급 과정에서 여러 개발도상국이 경험한 딜레마에 다름 아니었다.

일본의 영상을 그대로 사용하고 있는 비디오 편집 관련 기사, 『월간비디오』 1985. 8.

① 처음 비디오가 출현할 때 일부 특수층만이 소유할 수 있는 값비싼 개인 매체로 인식되었고, 암시장을 배경으로 하는 급속한 해외 비디오테이프의 확산을 예측하지 못하였다.

② 초기 비디오 이용자는 정치·경제적 집단에 국한되어 있었기 때문에 이들 소수의 비디오 수용을 처음부터 통제하기가 용이하지 못했다.

③ 일부 정치적 혼란이 계속되던 국가에서는 오락용 비디오 이용을 은근히 방치함으로써 일반 국민들의 정치적 관심을 약화시킬 수 있다는 권력 집단의 계획이 작용하기도 한다.

④ 실제로 불법 비디오의 유통구조를 철저히 단속하고 비디오테이프의 엄격한 심사와 검열을 수행할 제도적 장치가 마련되지 못하였다.

전석호, 「비디오수용성의 연구과제와 전망」 『정보사회 연구』 가을호, 1990

이와 같이 소비주의와 향락주의가 확산된 1980년대의 한국 미디어 공간에서 일본 대중문화가 비디오를 통해 유통, 소비되는 과정은 해적판 문화에 대한 부정적인 인식과 얽히면서 일본 대중문화 금지를 구성해나갔다. 1960~1970년대부터 부산의 미디어·도시 공간을 구성한 전파 월경이 비디오라는 새로운 미디어를 통해 서울에서 경험할 수 있게 된 것이다.

그것은 서울이라는 도시 공간이 경계 공간으로서의 성격을 강하게 내포하게 된 것과 동시에 일본 대중문화 금지를 수행한 '부인의 메커니즘' 양상이 근본적으로 변화하고 있음을 의미했다. 즉 글로벌하게 유통되는 대중문화를 직접 소비할 수 있게 만든 비디오를 통해 일본 대중문화도 직접적으로 소비됨으로써, 번역과 각색, 수정 등의 '왜곡'이 수행되었던 이전까지의 '월경'의 성격이 전환된 것이다. 그와 함께 일본 대중문화 금지를 둘러싼 '부인의 메커니즘'이 더 이상 작동하지 않게 되었으며, 개발독재기(1960~1980년대)의 종식이 다가오면서 '금지' 그 자체가 해체되기 시작했다.

제3부
금지는 어떻게 해체되었는가

동아시아의 글로벌화 속에서
한일 간의 '65년 체제'가 만들어낸 문화적 구조는
어떻게 변용되었는가.

—

5장

—

글로벌화의 확장과 '금지'의 전환

일본 대중문화에 대한 인식과 태도는 글로벌화와 더불어 '금지'의 프로세스에서 '개방'의 프로세스로 전환되었다. 동시에 의식과 무의식이 복잡하게 섞인 '부인의 프로세스' 또한 집단의식에서 개개인 의식의 영역으로 이행해갔다.

1. 포스트냉전적 문화지도의 재구축

냉전 체제의 붕괴와 대미 의식

1980년대는 제2차 세계대전 이후 구축된 모든 영역이 전환점을 맞이한 시대였다. 내셔널한 영역에 글로벌한 레짐이 침투하면서 국가 내부의 '편성 전환'[1]이 전 세계에서 일어난 것이다. 한국사회 역시 30년간에 걸친 군사·독재 정권기 및 발전국가기가 해체되고, 개방화와 민주화의 프로세스에 수반한 '편성 전환'이 1980년대 후반부터 1990년대 초반에 걸쳐 활발하게 전개되었다.

한국에서 일어난 편성의 전환 중 하나는 1980년 5월의 5·18민주화운동 이후의 민주화 과정과 냉전 체제의 붕괴 과정이 가져온 미국이라는 '절대적이고 압도적인 헤게모니'에 대한 의식과 태도의 변화였다. 터부시되어 있던 반미 의식과 마르크스주의가 여러 영역에 걸쳐 현실적인 형태로 나타나기 시작한 것이다.

반미가 금지되어 있던 한국사회에서 대두한 반미 감정은, 정치적으로는 5·18민주화운동에 대한 전두환 정권의 폭압적인 탄압을 묵인한 미국 정부와 미군에 관한 것이었고, 경제적으로는 무역을 중심으로 하는 미국의 개방화 압력에 대한 것이었다. 1980년대를 통해 싹튼 반미 의식은 1980년대 말 민주화 및 개방화의 국면에서 미국에 대한 정치적·경제적 종속성을 둘러싼 근본적인 비판과 맞물리면서 확대돼나갔다.[2] 그리고 냉전 구조의 붕괴와 함께 주한미군의 위치와 역할에 대한 문제 제기가 시작된 1980년대 말이 되자 반미 감

일본을 禁하다

정은 사회적인 감정구조의 한 부분을 차지하게 되었다.

지난 1980년 광주사태를 계기로 싹트기 시작한 미국에 대한 불신과
회의는 최근 대학 및 재야운동권의 반미 논리로 번지면서 그동안 반
미의 무풍지대였던 한국의 대학가를 반미의 태풍지대로 변모시키고
있다. (…) 1970년대까지 반미=용공이라는 등식 속에서 논의조차 금
기시돼왔던 반미 감정은 광주사태 당시 군부를 견제해줄 것으로 믿
었던 미국에 대한 기대가 '배신감'으로 바뀌면서 대학가와 일반 국민
들에게까지 본격적으로 확산되기 시작했다. 광주 사태를 전후한 미
국의 책임론은 미국이 한국군(20사단)에 대한 작전통제권의 해제를
승인함으로써 사실상 군의 투입을 허용했고 광주 학생 지도부의 휴
전 중재 요청을 거부했으며 군부의 정권 장악을 방조했다는 몇 가지
주장으로 요약된다.

「주한미군(27): 광주사태 방관… 반미 감정 불씨로」
『동아일보』 1989. 8. 10.

미디어 공간에서도 '안으로부터의 전파 월경'이 무방비로 허용되
었던 미국의 수용을 둘러싼 비판과 문제 제기가 시작되었다. 그 대
표적인 대상이 된 것은 말할 것도 없이 제2장에서 구체적으로 설명
한 AFKN이었다.

당시 한국 방송학자들이 주장했던 것처럼 AFKN이 갖고 있던 치
외법권적 채널 독점 문제는 민주화 이후 이루어진 방송 개혁의 중요
한 과제 중 하나였다. AFKN이 "1966년에 체결된 「한미행정협정」의

추상적이고 애매한 내용에 의거하여 주재국을 철저히 무시한 채 그들의 국가 이익과 신념, 취향에 맞는 프로그램을 30년 이상 방송"[3]해 온 것에 대한 문제 제기였다. 문제의 핵심은 VHF초단파 채널의 사용이었다. "서독이나 일본의 미군 방송이 초고주파UHF나 케이블 텔레비전을 이용하고 있는 것을 봐도 주한미군 방송이 초단파 채널 중에서 수신감도가 가장 좋은 채널2를 계속 독점 사용하고 있다는 근거가 없다"[4]는 것이 주장의 핵심이었다. 특히 AFKN 문제는 '문화 제국주의'의 가장 상징적이고도 현실적인 사례로 인식되었다. 이미 1970년대에 유엔과 유네스코에 의해 제기되어 10년 이상 논의되어 온 '문화 제국주의'에 관한 논의가 한국에서는 수십 년간 미디어 공간의 압도적인 힘으로 존재해온 AFKN을 둘러싸고 본격적으로 전개된 것이다.

그 배경이 되었던 것이 한국에 개방을 밀어붙인 미국에 대한 반발만은 아니었다. 냉전 체제 아래 미국과의 특별한 관계로 보호받으면서 은둔해온 한국사회에서 외국 문화의 접촉 창구였던 AFKN의 위상이 바뀐다는 것은 재편되는 글로벌 질서 안에서 미국 이외의 새로운 관계와 문화적 네트워크를 추구한다는 것을 의미했다. 미군 정기부터 동맹국으로서 수행해온 문화적 관행들이 미국과의 관계와 미국에 대한 인식 및 태도의 변화와 함께 해체되기 시작한 것이다.

그러한 변화는 지식의 수준에서도 '문화'와 함께 실질적인 형태로 나타났다. 1980년대 이전까지의 한국사회에서 문화라는 개념은 충분한 고찰의 대상이 아니었다. 근대화를 통해 형성, 성장한 도시와 과학 기술, 대중문화에 대한 관심, 사회 시스템을 지배하는 헤게모니와 자본주의에 대한 비판 의식 등을 문화사회학 도입의 주요 조건으로 본다면,[5] 한국은 대중소비사회에 진입하고 민주화에 의한 사상의 자유와 다양성이 담보되기 시작한 1980년대 후반에 이르러서야 처음으로 이러한 조건이 충족되었던 것이다. 실제로 문화사회학이나 문화연구가 한국 아카데미즘의 한 영역을 차지하기 시작한 것은 1980년대 후반이었다.[6]

미국에 대한 태도와 시선은 문화가 아카데미즘의 영역에 도입되는 과정에서 가장 핵심적인 부분이었다. 그 과정은 국제적으로는 포스트모더니즘론이 부상한 1960~1970년대, 문화와 사회의 관계를 둘러싼 이론적 논의가 활발해진 1980년대, 냉전 체제 붕괴와 함께 글로벌 문화론이 확산된 1990년대의 움직임[7]을 이어받고 국내적으로는 민주화 이후의 전개, 즉 문화 개방과 소비주의의 확산, 신세대의 등장과 같은 문화 현상을 포괄하는 것이었다. 민주화 및 냉전 구조의 붕괴 과정에서 문화라는 새로운 개념과 함께 이전까지 엄격하게 금지되었던 반미와 마르크스주의와 같은 개념과 사상이 자유로운 학문적 대상으로 부상한 것이다.

민주화와 정치적 검열

『정치적 검열』에서 저자 로버트 골드스타인은 군사/독재 정권 붕괴 직후인 1987년의 한국의 풍경으로 책의 서문을 시작하고 있다.

1987년 9월 당시 한국의 문화공보부 장관 최창윤은 이후의 한국의 정치적 자유화를 가늠하게 할 선거 기간 중, "국민에게 끼치는 예술 작품의 영향이 매우 크기 때문에 무제한으로 자유화할 수는 없다"고 선언했다. 또한 그는 "우리는 스스로의 사회적, 도덕적 가치를 지키고 유지해야 한다" "우리는 사회 혹은 국가의 안전을 위협할 수 있는 것들을 방치해서는 안 된다"고 첨언했다. 사회를 '위협'하는 것을 한국에 유포하지 않기 위해서, 한국 정부는 전통적으로 신문, 서적, 영화, 연극, 노래, 그 외의 시각예술을 검열해왔다. 1987년까지 600권 이상의 금서와 1000곡 가까이 금지된 가요의 리스트를 작성했다. 1987년의 '자유화'의 일부로 블랙리스트에서 제외된 186곡의 노래 중에는 학생운동의 비공식적 찬가였던 〈아침이슬〉이 포함되어 있었는데, 이 곡은 고통에 가득 차 잠 못 드는 밤을 보낸 한 남학생이 아침이슬을 보고 용기를 얻는다는 노래다.

로버트 골드스타인, *Political Censorship of the Arts and the Press in Nineteenth-Century*, Palgrave Macmillan, 1989(일본어판 2003, 10쪽)

골드스타인이 목격한 것처럼, 민주화항쟁을 통해 독재 정치가 붕괴하기 시작한 한국사회는 표현과 언론의 자유가 제한되고 문화에 대한 엄격한 검열이 실시되던 1960~1980년대의 폭압적 통치로부터 조금씩 벗어나려 하고 있었다. 그중 하나가 문화 정책의 전면적인 재편이었다. 예를 들어 1990년에 발표된 「문화발전 10개년 계획」을 보면 기존의 문화공보부로부터 공보처를 독립시키고 새로 문화부를 설치함으로써, '문화'의 영역을 경제 발전의 한 부분으로 설정하여 산업으로서 육성, 보호하는 문화 정책을 실시하기 시작했음을 알 수 있다. 또한 1994년에 문화부 내에 문화산업국이 신설된 것이나 1995년에 개정된 「문화예술진흥법」에 '문화산업' 개념이 새롭게 추가된 것도 같은 맥락의 변화라 하겠다.[8]

이러한 새로운 문화 정책의 움직임에서 중요한 과제로 떠오른 것이 식민지 시대부터 미군정기, 국가형성기, 개발독재기에 이르기까지 일관되게 주요한 통치 수단으로 이용되어온 정치적 검열에서 탈피하는 것이었다. 미디어 대중문화의 경우 매스미디어가 보급되고 대중문화산업이 형성되기 시작한 1960년대부터 '영화윤리위원회' '방송윤리위원회' '예술윤리위원회' 등 여러 심의기구와 「국가보안법」 「집회와 시위에 관한 법률」 등의 법 제도에 의한 엄격한 검열과 통제가 이루어졌다. 정치적 검열은 새롭게 대두한 1970년대의 청년 문화를 억압하고 탈정치적이며 성적인 표현만이 허락된 1980년대의 영화 문화를 생산하는 등, 한국 대중문화의 성격 그 자체를 규정하는 강력한 힘으로 작용했다. 1988년 정부가 서둘러 이전 정부에 의해 금지되었던 대중문화에 대한 자유화를 실시했던 것은 민주화에 의한 문화적 변화를 효과적으로 보여주기 위해서였다.

물론 식민지 시대로부터 이어져온 정치적 검열의 문제가 간단하게 해결된 것은 아니었다. 정치적으로는 민주화 직후에 발족한 노태우 정권이 갖는 군사 정권으로서의 한계가 여전히 남아 있었고, 사회·문화적으로 보면 이전 수십 년간 검열에 의해 길들여진 문화산업 시스템과 대중문화에 대한 사회적 인식에서 쉽게 벗어나지 못하고 있었다.

그러한 한계에도 불구하고 민주화가 가져온 가시적인 변화는 작지 않았다. 가장 큰 변화는 정치적 검열의 문제를 건드리는 것, 즉 이전까지 금지되었던 사상과 실천에 대해 공적으로 이야기할 수 있게 된 것이었다. 당시 정치적 검열에 대한 투쟁은, 1990년에 일어난 가수 정태춘의 '사전심의 거부 사건'과 같이 국가의 문화 정책에 대한 공적 검열의 형태를 무너뜨리는 것이었고, 다른 한편으로는 1990년대 대중문화를 통해 수많은 사회의 터부에 저항하는 것이었다. 그것은 수십 년간 내재되어 있던 검열의 논리에 의한 사적 검열, 즉 자기검열로부터 벗어남을 의미했다. 민주화에 의한 편성 전환을 맞이한 한국의 미디어 공간에서 요구되었던 것은 그 구조와 제도, 관념을 포함한 모든 차원에 걸쳐 있던 뿌리 깊은 '금지'로부터의 탈각이었던 것이다.

개방화와 동아시아 문화지도

서울올림픽 직후인 1988년 9월, 서울 명동에 있는 코리아극장 안에 뱀 두 마리가 출현하는 사건이 일어났다. 영화 「위험한 정사」를 상영하고 있던 상영관에 뱀을 풀어놓은 건 두 명의 영화감독이었다. 최초의 할리우드 영화 직배에 대한 반발로 일어난 이 사건은 1980년대 후반 거스를 수 없는 시대의 흐름으로 여겨지던 문화산업 시장의 개방에 대한 국내 업계의 반응을 상징적으로 보여주는 것이었다.

일 본 을 禁 하 다

1980년대 중반까지 해외 미디어에서 '은둔의 나라Hermit kingdom'로 불리던 한국의 대중문화산업의 개방화는 국내 미디어 문화산업의 근간을 흔드는 충격적인 사건으로 받아들여졌다.

물론 개방을 의미하는 현상이 M-TV로 대표되는 글로벌 미디어의 보급과 대외 전략의 변화만은 아니었다. 개방화를 둘러싼 여러 움직임은 단순히 외국 문화에 대해 국내 산업을 개방할 것인가의 문제를 넘어, 형성(1960년대), 공고화(1970년대), 쇠퇴화(1980년대)로 구분되는 '발전국가기'가 끝나고 민주화 및 탈냉전과 함께 한국에 요구된 모든 영역의 편성 전환과 밀접하게 얽히며 전개되었기 때문이다.

특히 이러한 편성 전환은 이전까지 한국의 문화적 경계를 규정지어온 문화지도를 새롭게 그려냈다. 그 상징적인 것이 '철의 규제'9라

중국/홍콩 합작 영화부터 할리우드, 소련, 이탈리아 영화까지, 당시의 개방화의 흐름을 시각적으로 보여주는 극장 광고, 『경향신문』 1989. 1. 1.

고도 불리던 문화 규제를 완화하고 소련과 중공 등 공산주의 진영과의 문화 교류를 시작한 것이었다. 그 출발점이 된 것은 정부가 발표한 「미수교국의 예술작품에 대한 국내 개방의 방침」에 의한 소련 영화 「전쟁과 평화」의 텔레비전 방영(1988)과 중국과 홍콩의 합작 영화 「서태후」의 극장 상영이었다. 이전까지 외국 영화의 대부분을 점하고 있던 할리우드 영화가 공산주의 진영 국가의 영화와 함께 극장에 걸려 있는 광경은 냉전 체제 붕괴의 예감과 더불어 민주화 및 개방화가 동시에 진행되고 있던 1980년대 말의 문화적 풍경을 단적으로 보여주는 것이었다.

'완전한 봉쇄'의 대상이던 북한 문화에 대해서도 규제 완화와 교류가 시작되었다. 1988년 7월에는 '납치/월북 작가에 의한 해방 이전의 문학작품'에 대한 전면 해금과 출판 허용이, 10월에는 '납북/월북 예술가에 의한 미술, 음악 작품에 대한 해금'과 북한 신문 및 서적에 대한 자료 공개가 이루어지는 등, 한반도 현대문화사의 통합을 기대하는 목소리가 커지는 가운데 북한의 문학 및 예술에 대한 부분적인 개방이 실시된 것이다.

이런 사회적 분위기 속에서 대중문화를 중심으로 한 다양한 문화적 움직임은 '포스트냉전'으로 이행해가는 세계 질서의 급속한 전환과 더불어 한국의 냉전적 문화지도를 근본적으로 변화시켰다. 특히 이념적 측면에서의 변화가 열광적인 홍콩 영화 붐을 중심으로 한 상업문화의 확산과 맞물리면서 새로운 미디어 공간을 만들어냈다. 새로운 소비 주체로서의 중산층이 두터워지고, 위성방송과 함께

일본을 禁하다

미디어 대중문화가 국경을 넘나들고, 관련 법 제도가 정비되고, 그에 맞춰 시장이 확대되면서, 개방화 및 민주화와 더불어 대중소비문화 시대로 접어든 동아시아 차원에서 공통의 미디어 공간을 공유하게 된 것이다. 그리고 그러한 상업적 대중문화를 중심으로 구축된 네트워크가 중심이 돼 동아시아 지역을 시야에 넣은 '포스트냉전적 문화지도'가 그려졌다.

　미국과의 관계, 중국 및 북한을 포함한 동아시아 지역의 문화적 질서의 극적인 변화가 낳은 포스트냉전적 문화지도는 국내의 대중문화를 둘러싼 제도와 관행에도 커다란 변화를 가져왔다. 특히 대중문화를 둘러싸고 작용한 다양한 금지도 이 편성 전환과 함께 해체되기 시작했다. 그리고 당연히 민주화와 개방화가 복잡하게 얽힌 그 과정은 일본 대중문화 금지에도 결정적인 영향을 끼쳤다. 냉전적 문화지도 위에서 엄격한 규제의 대상이었던 공산주의 국가에 대한 완화의 움직임이 일본 대중문화 금지의 정당성을 현저하게 약화시키면서 '부인의 메커니즘' 역시 그 질서의 붕괴와 함께 급속도로 해체되어간 것이다.

2. '일본 대중문화 금지'를 둘러싼 법 제도적 편성 전환

일본 대중문화의 저작권

문화적 산물의 생산, 전달, 수용에 필요한 하부 구조와 제도가 급속도로 발전한 글로벌화[10] 속에서 일본 대중문화 금지 역시 그 하부 구조와 제도의 문제에 직면하게 되었다. 이전까지 부인해오던 일본 대중문화 유입을 둘러싼 법 제도와 미디어 실천의 모순과 갈등이 글로벌화 과정을 통해 문제화되기 시작한 것이다. 가장 먼저 부각된 것은 물론 빈약한 법 제도적 장치였다. 외국 작품의 수입을 위해서 '대통령령에 의한 문화공보부 장관의 허가'[11]에 의존해야 하는 엄격하고도 느슨한 법 제도적 장치와 모사·밀수·표절·복제·국적 변경 등의 방법을 통한 일본 대중문화의 유입이 문화적 글로벌화의 맥락 위에서는 더 이상 공존할 수 없게 되었기 때문이다. 그것을 명백하게 보여주는 것이 바로 '저작권'을 둘러싼 구조적 모순이었다.

1981년에 일본의 베스트셀러 소설 『어쩌다 크리스탈なんとなく'クリスタル』이 한국의 네 개 출판사에서 해적판으로 출판된 것에 대해 원작의 출판사 가와데쇼보신샤河出書房新社가 공식 항의했던 것이나[12] 1984년에 조용필의 히트곡 〈돌아와요, 부산항에〉의 작곡가가 인세 미지급을 두고 일본의 레코드회사와 일본 음악저작권협회에 문제를 제기했던 것 등이 보여주듯, 1980년대에 들어서자 한일 간 저작권 문제가 서서히 부상하기 시작했다. 그러나 〈돌아와요, 부산항에〉의 인세에 대해 "한일 양국 간에는 저작권 협정이 없어 일본 노래의 한

국 출판도 인세가 나가고 있지 않으므로 한국 노래 역시 일본에서 지불하지 않아도 된다"[13]는 일본 측 견해에서 알 수 있듯, 당시 한국과 일본은 저작권을 둘러싸고 어떠한 법 제도도 공유하고 있지 않았다. 그러나 서울올림픽 등 일련의 개방화 물결과 더불어 한일 간 문화 교류가 진행되면서 기존의 '비공식적인' 형태로의 월경은 이미 한계에 달해 있었다.

미국, 그리고 세계저작권협약

한국의 저작권법은 1899년의 일본 저작권법을 모델로 1957년에 제정된 후 30년간 한 번의 개정도 없이 유지되고 있었다.[14] 외국인 저작물에 관한 법령은 다음의 「저작권법」 제46조가 유일했다.

제46조 (외국인 저작권) 외국인의 저작권에 관하여서는 조약에 별도의 규정이 있는 것을 제외하고는 본법의 규정을 적용한다. 단 저작권 보호에 관하여 조약에 규정이 없는 경우에는 국내에 있어서 처음으로 그 저작물을 발행한 자에 한하여 본법의 보호를 받는다.

문화공보부, 『문화공보30년』, 1979, 640쪽

그러나 1980년에 서울올림픽 개최가 결정되고 글로벌 경제 체제로의 진입이 진행되자 저작권은 '해적판 국가'라는 국제적인 이미지에서 탈피하기 위해서라도 반드시 해결해야 하는 문제로 부상했다.

"1988년에는 우리나라에서 올림픽이 개최됩니다. 전 세계의 눈 속에서 모든 문화 행사와 더불어 스포츠 행사가 펼쳐집니다. 그때 우리나라가 국제저작권협회도 가입 안 하고 있는 해적의 나라다, 하는 것이 세계에 알려지게 되는 것인데 이런 건 시정되어야 한다고 생각합니다."

대한민국 국회, 「제108회 문교공보위원회회의록 제6호」, 1981, 26쪽

그러나 실질적인 법 제도적 변화를 유도한 것은 미국에 의한 직접적인 압력이었다. 1980년대 레이건 정권은 거액의 재정적자 및 무역적자를 타개하기 위해 미국 산업의 이익률 회복과 국내외 시장에서의 경쟁력을 확보하기 위한 경제 목표를 내걸었는데, 이른바 레이거노믹스의 주요 전략 중 하나가 바로 저작권을 포함한 지식 재산권 문제였다. 당시 많은 아시아 국가가 글로벌 네트워크의 외부에 놓여 있었고 레이건 정부는 국제적 규범이 적용되지 않는 나라들에게 양자 간 교섭 등의 방법으로 압력을 가해 자국에 유리한 시장 환경을 구축하고자 했다.

레이거노믹스의 절정기라고도 할 수 있는 1984년은 한국의 저작권법에 있어 커다란 전환기가 된 해였다.[15] 1983년에 열린 '제1차 한미 공업 소유권 회담'에서 한국 기업에 의한 상표, 특허, 저작권 등의 지식 소유권 침해를 지적한 미국 정부는 1984년에 들어서자 '제3차 한미 경제 협의회' '제11차 한미 통상 장관 회담' '상업 장관 회담' 등을 통해 연이어 "금융, 보험, 영화 등 서비스 부문의 시장을 더

일본을 禁하다

욱 개방하고 특허, 상표 및 저작권에 대한 보호 조치를 취할 것"을 요구했다.[16]

결정적 장면은 1985년 10월에 레이건 정부가 한국의 지식 소유권 침해에 대한 「슈퍼 301조」를 발효하겠다고 한 것이었다. 「슈퍼 301조」는 그야말로 '지식 저작권에 대한 무역 지향적 접근'이라는 미국 측 전략의 상징적 조항이었고 그 파급력을 생각할 때 그것이 제시된 것만으로 이미 한국 정부가 미국 측의 요구를 받아들일 수밖에 없음을 의미했다. 결국 한국 정부는 한미 통상 교섭을 통해 ① 1986년 4월 외국인의 저작권 보호를 위한 저작권법 개정안을 국회에 상정, 입법 조치 완료 ② 1987년 시행 ③ 1988년까지는 국제 저작권 협약에 가입하기로 하면서 미국의 요구를 받아들였다.[17]

이에 대해 40여 개 출판사를 중심으로 한국의 출판업자들은 '외국인 저작권 보호 반대 결기 대회' 등을 통해 "선진적인 지식, 정보, 문화 수용이 선진국에 의해 좌우되고, 외국 문화자본의 영향으로 우리 출판계가 위축되며, 독자 부담이 가중되고 정보와 지식의 단절을 초래할 것"이라고 주장하며 외국인 저작권 문제를 '민족의 문제'로 규정하고 격렬한 반대 운동을 전개했다.[18] 이러한 반발을 뒤로하고 한국 정부는 1986년 8월 한일 통상 교섭에서 1986년 9월 '세계 저작권협약UCC'에 가입하고 미국의 저작권 권리에 대한 1977년까지의 소급 적용(10년)에 합의했다. 그리고 외국인 저작권 보호 내용을 골자로 한 「저작권법 개정안」이 1986년 10월 20일에 정부로부터 제출되었고 10월 22일에 문교공보위원회에 회부되었다.

「개정 저작권법」 제3조 외국인의 저작물

① 외국인의 저작물은 우리나라가 가공 또는 체결한 조약에 따라 보호된다.

② 우리나라에 상시 거주하는 외국인(우리나라에 주된 사무소가 있는 외국 법인을 포함한다. 이하 이 조에서 같다)의 저작물과 맨 처음 우리나라에서 발행된 외국인의 저작물(외국에서 발행된 날로부터 30일 이내에 우리나라에서 발행된 저작물을 포함한다)은 제1항의 규정에 불구하고 이 법에 의하여 보호된다.

③ 제1항 및 제2항의 규정에 의하여 보호되는 외국인의 저작물이라도 그 외국에서 우리나라 국민의 저작물을 보호하지 않는 경우에는 그에 상응하게 조약 및 이 법에 의한 보호를 제한할 수 있다.

대한민국 국회, 「제131회 국회본회의록 제21호 부록 2」, 1986, 545쪽

이렇게 한국 정부가 세계저작권협약에 가입한 1987년 10월 1일을 시작으로 세계저작권협약에 가입한 모든 나라의 저작물은 국내에서 보호받게 되었다. 이러한 글로벌 질서로의 편입으로 의해 양적으로나 질적으로나 획기적인 편성 전환을 요구받게 된 한국의 문화산업은 이전까지와는 전혀 다른 새로운 시스템의 구축과 문화산업 자체에 대한 인식의 변화를 추구해야 하는 상황에 직면하게 된다.

'일본 대중문화 금지'의 변용

세계저작권협약 가입을 통해 이전까지 한국사회만의 '공공 이익'[19]을

최선의 목표로 하던 저작권 문제는 국제적인 수준의 법적 효력에 의한 근본적인 변화를 요구받게 되었다. 그리고 그 변화는 세계저작권협약 가입 후의 움직임이 보여주듯 일본 대중문화 금지에도 결정적인 영향을 끼쳤다. 미국과의 교섭이 체결된 지 한 달 후, EC와 일본은 미국과 같은 수준의 시장 개방과 지식 소유권 보호를 요구했다.[20] 일본 내에서도 한국의 세계저작권협약 가입은 하나의 전기로 여겨졌다. 1988년 일본 국회에 출석한 일본음악저작권협회JASRAC의 이사장 아쿠타가와 야스시芥川也寸志는 한국의 저작권 문제에 대해 다음과 같이 말했다.

> 아시아에서 저작권 관리 업무가 이루어지고 있는 지역은 홍콩과 한국인데, 그중 한국은 작년 7월에 새로운 저작권 조약이 실시되었고 세계저작권협약에도 가입했습니다. 세계저작권협약은 소급 적용이 없기 때문에 10월 1일 이후에 연주되는 일본인 작품에 대해서는 사용료의 징수가 당연히 이루어지게 됩니다. 다만 아시다시피 한국에서는 방송이나 일반 공연에서는 일본 음악의 연주가 금지되어 있습니다. (…) 거기다 이웃 나라끼리의 우호관계를 발전시킨다는 점에서 봐도 매우 비정상적인 상태가 계속되고 있으므로 저희로서는 어떻게든 정치적 힘으로 이러한 규제가 어서 빨리 해제되기를 강력히 기대하는 바입니다.
>
> 일본 국회, 「문화위원회회의록(중) 제10호」, 1988, 2쪽

일본 대중문화 금지에 대한 저작권법의 영향이 가장 먼저 직접적이고 구체적으로 나타난 것은 출판계였다. 저작권법 정비 이후 일본 대중문화의 유입이 법의 테두리 안에 놓이게 되면서 1989년에 『삼국지』 『북두의 권』 등의 일본 만화가 판권 계약을 통해 최초로 정식 출판된 것이다.[21] 또한 "합법적인 판권 계약에 의해 번역, 출판되고 있는 만화에 대해서는 사전 심의를 실시해야 한다"[22]는 방침을 정한 한국간행물윤리위원회가 1991년부터 사전 심의를 실시하면서 정식으로 수입된 3종 45권의 일본 만화에 대한 판매가 허가되었다.

정식 계약과 사전 검열을 통한 일본 만화의 정식 수입이 실시됨으로써 1998년의 일본 대중문화 개방 선언을 10년 앞두고 이미 미디어 산업과 법 제도의 수준에서는 '금지'의 해체가 부분적으로 시작되었다고 할 수 있다. 다음 기사가 보여주듯 세계저작권협약에 가입한 이상 일본 만화의 불법적인 유입과 그로 인한 국제적인 마찰을 피하기 위해서는 그 유입을 제도화시키는 것 이외에 방법이 없었던 것이다.

간행물윤리위의 이 같은 결정은 최근 출판 자율화 정책에 편승한 일부 만화 출판인들이 일본 등 외국의 음란, 폭력성 만화를 무분별하게 복사, 출판함으로써 국내 청소년들의 정서에 나쁜 영향을 미치고 있을 뿐만 아니라 때로는 외국과 저작권 분쟁까지 빚는 등 심각한 문제를 안고 있다는 판단에 따른 것이다.

「아동용 외국만화 번역물 규제 강화」 『중앙일보』 1991. 2. 24.

1992년에는 일본 슈에이샤集英社와 서울문화사 간의 정식 판권 계약에 의해 베스트셀러 만화『드래곤볼』이 출판되었고 방송위원회는 개정된 방송법(1991)에 의거해 TV 애니메이션 등 해외 방송 프로그램에 대한 심의를 실시했다.[23] 한국 정부가 일본의 문화협정 체결 요구를 회피하는 등[24] 여전히 '일본 대중문화 금지'의 체제가 공식적으로는 유지되고 있었으나 실제로 '금지'는 사실상 부분적으로 해제되고 있었던 것이다.

세계저작권협약에 의거한 일본 만화의 수출은 본격적인 아시아 시장 진출을 의미했다. 즉 세계저작권협약이 발효됨에 따라 한일 문화 월경은 한국과 일본만의 맥락이 아닌 글로벌한 규범 아래에서 제어되기 시작했다. 물론 '역사적 기억으로서의 일본'이라는 중요한 요소를 고려하면 단순하게 도식화할 수 없겠으나 이 '글로벌한 법'이 '로컬한 인습'에 실질적인 변화를 가져왔다는 점은 부정할 수 없다. 즉 저작권 문제가 개입하는 과정은 역사적 관계에서 비롯된 로컬한 특수성 위에서 유지되던 '금지'와 월경의 구조가 글로벌한 질서에 의해 극적으로 전환되는 과정이었던 것이다.

다만 저작권 문제가 '금지'를 완전하게 해체시켰다고는 할 수 없다. 예를 들어 앞서 말한 1991년에 실시된 사전 검열이 '국민감정'과 '시장의 혼란'을 이유로 실시 한 달여 만에 중단되었던 것을 봐도, 세계저작권협약 가입 등의 변화를 통해 기존의 금지와 새로운 개방의 프로세스가 본격적이고 격렬하게 갈등하기 시작했다고 하는 것이 좀더 정확한 표현일 것이다. 간행물윤리위원회가 일본만화 심의를 둘러싸고 곤혹스러워했던 것도 같은 맥락이라 하겠다.

불건전한 외국만화의 유통을 막고 건전하고 유익한 만화는 번역 도
서의 국제 문화 유통 차원에서 수용하게 될 것으로 기대하고 도입한
외국만화 사전심의제는 다수의 만화 출판인이 이를 일본 만화 개방
으로 잘못 받아들이고 국내 만화에 비해 원고료가 저렴하고 수익성
이 좋은 일본 만화 중 저작권 계약이 불필요한 1987년 10월 1일 이
전 발행 분을 경쟁적으로 출판하려는 등 부작용이 대두되어 곧 중
단됐다.

간행물윤리위원회, 『간행윤리30년』, 2000, 26~28쪽

이러한 상황은 일본 대중문화 금지의 커다란 전환을 가져왔다. 한
일관계라는 로컬한 특수성이 글로벌한 질서 아래에서 더 이상 효력
을 가질 수 없었기 때문이다. 실제로 일본 대중문화 개방에 대한 한
국사회의 저항감이 여전히 존재했음에도 불구하고 한국 정부가 일
본 만화나 TV 애니메이션에 대한 실질적인 수입 조치를 실시할 수
밖에 없었던 것은 세계저작권협약이라는 새로운 규범을 준수해야
했기 때문이다. 즉 1980년대의 저작권법 문제의 부상은 일본 대중
문화 금지의 프레임에서는 한일관계의 역사적 맥락에 의해 생겨난
로컬한 현상과 미국을 통해 도입된 글로벌한 규범이 충돌한 것이었
다. 일본 대중문화 금지라는 제도와 실천, 담론에 의해 수십 년간 유
지되던 구조는 결국 그러한 글로벌화가 가져온 갈등에 의해 해체되

기 시작한 것이다.

　이상에서 살펴본 대로 서울올림픽 개최, 세계저작권협약 가입 등이 이어진 1980년대 후반 이후 한국 미디어 공간의 변화는 '일본 대중문화 금지'를 훨씬 더 복잡하게 만들었다. 이전까지 금지되었던 공산권의 대중문화에 대한 해금과 새로운 법 제도(저작권법)의 한정적인 적용(만화의 정식 수입 등)에 의해 무엇이 금지되고 무엇이 허용되는가 하는 경계가 더욱더 애매해진 것이 그 이유였다. 그러나 '금지' 그 자체가 어떻게 해체되었는지를 완전히 파악하기 위해서는 단순히 정책 전환의 수준이 아니라 일본 대중문화 금지의 구조를 지탱하고 있던 요소, 즉 '법 제도'와 '미디어 실천' '사회적 담론'이 어떻게 변화했는지를 좀더 상세하게 검토할 필요가 있다.

3. 일본 대중문화를 둘러싼 새로운 전개

생중계된 일본 대중문화

일본 대중문화 금지의 해체를 보여주는 또 하나의 중요한 현상은 일본 위성방송의 확산이었다. 1989년 1월부터 파라볼라 안테나의 수입이 정식으로 허가되고 NHK1과 NHK2를 직접 시청하는 가정이 급속히 늘면서 1990년의 시점에서 이미 20만 세대 이상이 BS위성 수신 안테나를 이용해 일본 텔레비전을 시청하고 있었다. 이 현상에 대해 문화부는 "자연스러운 현상이므로 규제할 생각이 없다"[25]고 밝혔으나 위성 안테나 설치를 규제할 만한 법 제도적 기준이 부재했다고 하는 것이 좀더 정확한 표현일 것이다. 실제로 외무부가 일본 정부에 대해 방송의 침투를 막기 위한 조치를 요청했으나 "법적으로 규제할 근거가 없다"[26]는 일본 측의 답변이 돌아왔을 뿐이다.

위성방송의 사례에서도 알 수 있듯 한국사회로서는 급격한 속도로 진행되는 문화 개방 속에서 공식적인 통로를 통해 유입되는 일본 대중문화를 금지할 근거나 효과, 의미에 대한 사회적 합의를 도출하는 것이 점점 더 어려워지고 있었다. 그것은 문화산업을 둘러싼 아시아 전체의 구조적 변화와도 관련되어 있었다. TV 드라마를 시작으로 일본 문화상품이 이미 홍콩, 대만, 중국, 그리고 중국계 커뮤니티가 퍼져 있는 동남아시아 국가들에서 광범위한 인기를 얻으면서,[27] 일본 대중문화의 유입은 한일 양국 수준에서 제어할 수 없는 동아시아의 글로벌화 문제가 되어 있었기 때문이다.

일본을 禁하다

이러한 상황에서 일본어 노래 가사가 지상파 방송을 통해 생중계된 것은 당시의 분위기를 보여주는 상징적 사건이라고 하겠다. 일본 아이돌 그룹 소녀대少女隊가 올림픽 30일 전 기념 축제인 「D-30 축제 하나로, 하나로」에서 올림픽

「소녀대, 불러버리다」 『아사히신문』 1988. 8. 19.

이미지송인 〈KOREA〉의 가사를 1분간 영어가 아닌 일본어로 부른 것인데 이 해프닝은 일본에서도 크게 보도되었다.

이 장면은 한국 전국에 생중계되었다. 올림픽을 계기로 급속한 국제화가 진행되는 한국이지만 식민지 지배를 받은 일본에 대해서는 공중의 앞에서 일본어 노래를 부르는 것을 '문화침략'으로 여기고 허가하지 않고 있다. 일본어 노래가 전파를 타고 흐른 것은 이것이 최초의 케이스일 것이다. (…) 지금까지 한국을 찾은 일본 가수는 주최자의 요청으로 영어 등으로 노래를 해왔다. 올림픽 직전인 9월 10일, 서울 시내에서 개최된 서울국제가요제에 참가한 가수 스가와라 요이치菅原洋一도 일본어 가창이 불허되었다. 8일 소녀대 역시 사전에 "일본어로 부르지 말도록 요청받았었다"고 한다.

「소녀대, 불러버리다」 『아사히신문』 1988. 8. 19.

〈KOREA〉는 레슬리 만도키Leslie Mandoki와 에바 선Eva Sun이 부른 것을 소녀대가 리메이크해 일본에서 발표한 곡으로, 당시 이 앨범의 영어판이 서울음반사를 통해 정식으로 발매되어 있었다. 「D-30 축제 하나로, 하나로」에서의 해프닝이 한국에서 "한국 상륙 서두르는 일본 대중문화"[28]라는 제목으로 보도되긴 했어도 일본인의 가요 앨범이 정식으로 발매되었던 것에 대해서는 거의 알려지지 않았다.

소녀대 앨범 발매는 당시의 심의 기준이 매우 애매했음을 보여준다. 사실 1990년대 중반까지의 공연윤리위원회 심의 규정에 의하면 당시 한국에서 심의가 허가되지 않았던 것에는 '일본인이 부른 노래는 물론, 일본인에 의해 작사·작곡된 곡'까지 포함되어 있었다. 실제로 1995년에 일본의 록밴드 OUTRAGE의 앨범 〈LIFE UNTIL DEAF〉가 워너브라더스 코리아를 통해 발매되었으나, 전곡이 영어였음에도 불구하고 일본 밴드의 앨범이라는 것이 밝혀져 앨범이 회수되는 일이 있었다. 그러나 1990년에 가토 도키코加藤登紀子, 1993년에 계은숙의 일본어 공연이 열리고 퓨전 재즈밴드 카시오페아의 공연이 1993년에는 불허되었다가 1996년에는 다시 허가되는 등,[29] 개방화와 함께 유입 루트나 방법이 다양화되면서 '금지'의 기준이나 적용 방법이 일원화되기는 어려웠다.

앞서 살펴본 사례들처럼 1980년대 후반부터 일부 일본 대중문화가 공식적인 미디어를 통해 소개되기 시작했으나 여전히 많은 일본 대중문화가 은밀하게 월경하고 있었다. 콘텐츠에 대한 '금지'가 여전히 유지되고 있었다고는 해도 개방화의 흐름 속에서 일본 대중문화에 대한 관심까지 금지하는 것은 불가능했다. 여기서 주목해야 할 점은 가토 도키코와 계은숙의 일본어 공연에 온 관객이 대부분 한국에 거주하는 일본인이었던 것에 비해 소녀대를 시작으로 소년대, 곤도 마사히코, 마쓰다 세이코 등의 음악 수용자들은 한국의 젊은 세대였다는 것이다. 즉 이 시점에서 이미 일본 음악에 대한 일정한 팬덤이 형성되기 시작한 것이다. 신문들이 젊은 세대의 일본 문화 수용을 비판하고, 영화 잡지 『스크린』 『로드쇼』 등이 1980년대 말부터 잇달아 일본 음악 특집으로 지면을 채웠던 것도 그러한 상황을 반영하는 것이었다.

1990년, 새로운 시대에 새로운 사운드로 경쾌하게 시작하자! 포스트 펑크 뉴웨이브에서 무드 발라드까지 돌진하는 박력만점, 매력만점 저팬 사운드를 소개한다. 이미 우리에게도 친숙한 光겐지, 소년대에서 최근 열광적인 인기를 끌어모으고 있는 윙크와 오토코구미에 이르기까지 일본 열도 인기 베스트 10 아이돌 총집합! 사운드와 스테이지의 새로운 흥분을 독자 여러분과 함께 나눈다. 우리는 낡은 것이 싫다!

「저팬 로큰롤 "가미카제 출격!"」 『로드쇼』, 1990. 3.

즉 부산에서의 전파 월경이 그랬듯 개방화를 경험하고 있던 1980년대 후반의 한국에서 여러 일본 대중문화가 위성방송과 문예

「일본 문화 유입의 실태」『스크린』1989. 9.

「거리에서 안방까지…왜색의 현장」『동아일보』1991. 8. 19.

일본을 禁하다

잡지 등을 통해 일본어 세대에, 그리고 만화와 영화, 패션 잡지, 해적판 비디오 등을 통해 젊은 세대에 '생중계'되고 있었던 것이다.

미디어 환경의 변화

1980년대 후반 이후 일본 대중문화 월경은 한국 미디어의 성격에 대한 재검토와 문제 제기로 이어졌다. 이는 글로벌화와 뉴미디어 시대를 맞이해야 하는 불안과 기대감을 동시에 나타내는 것이었다. 1990년 3월 제4차 한일문화 교류 실무자 회의에서 한국 측은 20만 세대를 넘는 일본 위성방송 시청 문제를 지적하며 일본 텔레비전 방송의 문화적 침투를 막기 위해 일본 측의 기술적 노력을 요청하고, 방송 내용에 대해서도 양국이 협의할 것을 제안했다. 이에 대해 일본 측은 위성방송 관련 국제 협약인 국제무선통신조약을 준수하고 있고, 방송 심의는 표현의 자유에 대한 침해일뿐더러 위성방송은 일본의 난시청 문제 해소를 최우선 목표로 하고 있다는 것을 이유로 한국 측의 제안을 거부했다.[30] 실제로 20만 세대 이상이 '전파 월경'하는 일본 방송을 시청하는 것은 당시의 미디어 관련 법 제도로는 막을 수 없는 현상이었다. 저작권 문제가 그랬듯이 수십 년간 애매하게 유지되던 경계 구축의 메커니즘이 이 시기를 기점으로 더 이상 기능하지 않게 된 것이다.

이런 상황에서 한국 방송은 근본적인 개혁을 요구받기 시작했다. 특히 중요한 과제로 부상한 것이 그전까지 묵인되어온 일본 방송을 모방, 표절하는 제작 관행이었다.

국내 TV를 통한 왜색의 보급도 많다. TV쇼에 출연하는 가수들의 복장, 머리 모양, 춤 등이 대부분 일본 연예인의 것을 그대로 모방한 것들이다. 어떤 연예인들은 일본식 말투를 그대로 흉내내기도 한다. 이 같은 대중예술인들의 '일본 모방'은 시청자들에게 영향을 주어 일반인들의 헤어스타일이나 패션, 춤에 일본식이 유행하고 있다. 또 쇼나 게임 프로의 포맷이 상당 부분 일본 프로를 흉내낸 것들이며 국내 방영된 「은하철도999」 「하록대장」 등 만화영화에는 일본 신발인 게다와 일본 고유의 악기 등이 등장, 일본 분위기를 드러내기도 한다.

「밀려오는 일본 문화 뿌리내린 일본말」 『동아일보』 1990. 8. 15.

특히 1990년에 개국한 SBS(서울방송)에 의해 재구축된 방송 3사 체제가 치열한 시청률 경쟁을 벌이는 가운데 일본 드라마와 버라이어티 방송의 모방, 표절 관행은 노골적인 수준에 이르렀다. 1993년에는 일본 신문이 「풍운! 다케시성風雲!たけし城」 「NHK 노래자랑NHKのど自慢」 「지구촌과 HOW MUCH世界まるごとHOWマッチ」 「100만 엔 퀴즈헌터―〇〇万円クイズハンター―」 「도쿄러브스토리東京ラブストーリー」 등의 모방, 표절을 지적하기도 했다.[31] 물론 이러한 표절과 모방의 관행이 방송국에 한정되는 문제는 아니었다. 오히려 다음의 기사가 보여주듯, 그것은 글로벌화에 대면한 한국의 대중문화론 전체를 관통하는 문제이기도 했다.

일본 영화가 한반도에 상륙한다. 한일국교정상화 이후 일본은 기회가 있을 때마다 일본 영화의 수입 개방을 요구해왔다. 그러나 일본에 대한 적개심 때문에 '세계화'라는 흐름 속에서 그들을 무조건적으로 배제해야 하는 시기는 이미 지났다. 오히려 이러한 감상적 차원을 떠나 보다 이성적이고 현실적인 차원에서 일본과 일본 영화를 우리 시각 속에서 올바르게 수용, 비판하여 우리 영화의 왜색, 일본 작품의 도용 시비와 영화적인 감성의 척결이 시급하게 요구되고 있다.

「일본 영화」『스크린』1988. 6.

영화계의 경우 1990년 전후로 일본 애니메이션과 영화의 수입이 뜨거운 문제로 등장했다. 그중에서도 1991년에 애니메이션 「AKIRA」가 홍콩산 「폭풍소년」으로 수입되어 극장 공개 일주일 만에 상영이 취소되고 수입업자의 등록이 말소된 사건이 대표적이었다. 이 사건으로 공연윤리위원회의 폐지론까지 거론되는 등 1970년대 「마징가Z」에서부터 이어진 '국적' 변경'의 관행에 대한 의문이 '일본 대중문화 금지' 자체의 의미와 효과로 확대되었다. "일본 만화영화의 경우 왜색이 두드러지지 않아야 한다는 조건을 붙여 수입을 허가하나 만화영화라 할지라도 극장 개봉은 금지한다"[32]는 문화부의 애매한 기준과 사전 심의와 같은 검열제도로는 「AKIRA」의 상영과 같은 다양한 편법과 기형적인 유입 구조를 재생산할 수밖에 없다는 문제의식이 확산된 것이다.

기형적인 유입 구조를 구성하는 또 하나의 중요한 문제로 거론된 것이 해적판이었다. 특히 만화는 전체 시장에서 해적판 일본 만화가 압도적인 비율을 차지하고 있었다. 1990년 간행물윤리위원회의 조사에 따르면, 1987년부터 1990년까지 출판이 확인된 일본 만화는 33개 출판사에서 발행된 200종이었는데 그중 무단 복사 만화, 즉 해적판이 196종에 달했으며[33] 1991년부터 1993년까지 출판된 1500종 중에서는 95퍼센트가 해적판이라는 조사 결과도 있었다.[34] 이와 같이 해적판 시장에 관해서도 단순히 유통자, 소비자의 행태를 문제삼던 그전까지의 관례와는 달리 부실한 법 제도와 정부의 애매한 태도에 대한 비판이 제기되기 시작했다. 정식 수입을 실시할 수밖에 없는 상황에서 '금지'를 유지하지 않으면 안 되는 딜레마에 의해 해적판 시장이 확대되고 있었던 것이다.

일본 복제 만화는 현행법상 '합법인 동시에 불법'이라는 모순을 안고 있다. 만화도 도서인 만큼 우선 헌법이 보장하는 출판의 자유를 누릴 수 있다. (…) 일본 만화라 하더라도 정식 판권 계약을 체결하여 원작을 도입한 경우라면 법적으로 아무런 하자가 없는 정당한 출판물이므로 합법이다. (…) 일본 만화 수입을 금지하는 법적 조항이 없으므로 엄밀한 의미에서 '법적인' 불법은 아니며 행정 차원에서의 '위규'일 뿐이다. (…) 문화체육부의 일본 만화 정책은 한마디로 '방치' 그 자체였던 것이다.

문화체육부 보고서, 「일본 대중문화 대응방안 연구」, 1994, 179쪽 일본 대중문화 금지의 출발점이 되는 "왜색이란 무엇인가"라는 문제를 둘러싼 사회적 논의도 이 시점부터 본격적으로 시작되었다. 그 계기가 된 것이 1990년의 트로트 가요 왜색 논쟁이었다. 트로트는 일본의 엔카演歌에 해당되는 장르로, 음악이 갖는 유사한 뉘앙스 때문에 어느 쪽에 그 기원이 있는가를 두고 논쟁이 계속되어왔다. 이 "트로트 가요는 전통가요인가 왜색 가요인가"[35]를 둘러싼 논쟁이 1987년의 왜색 금지곡 해금과 맞물려 왜색에 대한 사회적 관심을 고취시킨 것이다.

일본 위성방송이 월경하고 왜색의 짙고 옅음이 만화나 애니메이션의 수입 기준이 되는 애매한 상태가 계속되면서 "왜색이란 무엇인가"라는 질문이 던져진 것은 어찌 보면 당연한 일이었다. 그러나 결국 유야무야 덮인 트로트 논쟁이 보여주듯 쉽게 답을 낼 수 있는 문제도 아니었다. 미디어 글로벌화와 동시에 대중문화를 둘러싼 소비양식과 문화적 취향이 다양화되면서 식민지 시대 일본 제국주의를 직접적으로 재현하는 것이 아닌 이상 '왜색'과 '패션'을 구별하는 것은 어려운 일이었기 때문이다.

그런 의미에서 1987년 11월에 『월간방송문화』에 게재된 좌담회는 매우 흥미롭다. 김영면 MBC TV제작부 프로듀서와 정욱 대원동화(현 Daiwon Media) 사장, 조봉남 KBS 영화부 프로듀서, 이원복 덕성여대 교수 등이 참여한 이 좌담회는 TV 애니메이션을 100퍼센트 일본 및 외국의 것에 의존해오던 상황에서 최초의 국산 TV 애니메이션 「떠돌이 까치」가 방송된 직후에 열렸다. 그들은 한국 TV 애니메이션이 수십 년간 정착되어온 '하청 구조'로 뛰어난 기술은 가졌으나 '두뇌는 없고 하체만 발달한 형태'라고 지적하면서도 최초의 TV 애니메이션을 통해 '몸체에 머리를 붙이는 작업'이 시작된 것에 대한 기대를 나타냈다. 특히 「떠돌이 까치」를 제작한 대원동화의 정욱 사장은 한국의 TV 애니메이션의 현실에 대해 다음과 같이 말하고 있다.

"흔히 왜색이라는 지적은 많지만 정작 우리나라색이라는 기준은 없습니다. 이 부분에 대한 개발과 정착도 시급하지요. (…) 미국의 만화영화는 7분짜리, 10분짜리 등등 매우 짧습니다. 짧은 형식의 개그만화가 주류를 이룹니다. 일본은 미국을 따라잡기 위해 내용 위주의 극화 형식으로 만화영화를 발전시켰습니다. 우리는 아직 우리만의 형식이 없습니다. 믹스형이라고 보아야겠지요. 모방이 곧 창작이니까 차츰 우리 것이 생길 것입니다. (…) 우리가 세계로 도약할 수 있는 기술적 토대는 이미 마련되어 있습니다. (…) 왜냐하면 미일에서 인기 있는 것들의 대부분이 우리나라에서 제작해 가는 것이기 때문이죠. 단 기획이 따라가느냐가 문제입니다."

「좌담/TV만화영화」『월간방송문화』1987. 11.

여기서 그는 수십 년간 축적되고 정착되어버린 구조를 어떻게 발전적으로 해체할 것인지에 대해 학자나 저널리스트들의 비판적 관점과는 대조적으로 매우 전향적인 자세를 보이고 있다. 일본과 미국 문화의 모방 역시 문화가 발전해나가는 과정으로 보고, 어떻게 선진적 시스템을 따라잡고 결국엔 그것을 어떻게 뛰어넘을 것인가에 초점을 맞추고 있는 것이다. 왜색에 관해서도 그의 관심은 "무엇이 왜색인가"가 아니라 "그렇다면 한국의 색은 무엇인가"를 묻는 것에 있으며 그럼으로써 "우리 것이 생길 것"이라고 확신하고 있다는 것이다.

이러한 '생산자'로서의 그의 인식과 태도는 일본 대중문화 금지의 해체 과정을 설명하는 중요한 요소다. 이전까지의 '부인의 메커니즘'에서 일본의 텔레비전과 영화, 대중음악의 모방이 왜색을 지우고 감춤으로써 '금지'를 수행하기 위한 전략이었다고 한다면, 표절과 모방, 해적판과 같은 산업적·문화적 관행은 일본 대중문화 금지 그 자체에 의해 확대, 재생산된 것이라 할 수 있을 것이다. 그러나 아이러니하게도 탈식민화를 가장 중요한 과제로 삼았던 일본 대중문화 금지의 과정에서 "그렇다면 한국의 색은 무엇인가" "그것을 어떻게 만들어낼 것인가"를 둘러싼 관심은 비교적 매우 낮았다. 그것은 '받아들이지 않는' 소극적인 행위에 초점이 맞춰지면서 '새롭게 만들어내는' 적극적인 행위를 둘러싼 인식의 공유가 충분히 이루어지지 않았기 때문이 아닐까. '새롭게 만들어내는' 적극성의 희박함이 오히려 '부인'의 수행과 유지를 가능하게 한 것은 아닐까.

즉 일본 대중문화 금지의 맥락에서 보면, 한국 문화산업이 미국과 일본으로부터 받아온 영향을 자각하고 그전까지의 모방 관행으로부터 탈피하여 '한국의 색'이라는 질문을 던지고 있다는 점에서 정욱 사장의 발언은 한국 대중문화사의 변화를 보여주는 중요한 의미를 지닌다. 탈식민화의 궁극적 목표는 단순히 타자를 내부로부터 내보내는 것에 머물지 않고 독립된 주체로서 그 타자와 동등한 관계를 갖는 것이기 때문이다. 물론 정욱 사장은 이전까지의 모방 관행에서 결코 자유로울 수 없는 산업의 당사자였으나 그런 현장 경험이 있었기 때문에 오히려 문화 제국주의론을 바탕으로 여전히 '금지'의 정당성을 강력하게 주장하던 당시의 지식인들에게는 없던 새로운 관점을 가질 수 있었을 것이다.

실제로 한국에서 대중문화를 산업이나 정책으로 다룬 최초의 보고서가 1989년의 「대중문화산업과 대중문화 정책 연구」(한국 문화예술진흥원 문화발전연구소)였음을 생각하면 이 시기가 갖는 전환점으로서의 의미는 작지 않다. 이때부터 한국사회는 일본 대중문화 문제를 경계 구축을 전제로 한 '정책 없는 정책'이 아니라, '부인의 메커니즘'이 갖는 모순을 인식하고 그것을 새로운 산업적·문화적 과제로 다루기 시작한 것이다.

금지의 프레임에서 개방의 프레임으로

일본 대중문화 모방의 문제는 글로벌화라는 새로운 조건 아래 한국 문화산업에 대한 인식과 일본 대중문화 금지의 프레임을 전환시켰다. 1980년대 후반 일본 대중문화를 둘러싼 한국의 사회적 논의들이 금지에서 개방으로 급속히 전환해간 배경에는 한일 간의 긴밀한 동반자 관계를 강조한 정부 차원의 적극적인 자세도 있었으나 무엇보다 강력한 힘으로 작용한 것은 글로벌화를 둘러싼 불안과 위기감이었다. 1993년 1월 29일자 『조선일보』 사설이 이를 잘 보여준다. 이날 게재된 사설은 「미국이 몰려온다」와 「TV의 외국 것 흉내내기」였는데 전자는 미국 상무부가 한국산 철강 제품에 높은 비율의 덤핑 예비판정을 내림에 따라 클린턴 새 정부의 통상 압력이 강화될 것이라고 예상한 것이고, 후자는 외국의 방송 프로그램을 모방, 표절하는 국내의 제작 관행을 지적한 것이다.

> 국내 TV방송이 외국의 TV프로를 모방하고 있다는 것은 주지의 사실이다. 1년에 두 차례 있는 프로그램 개편에 맞추어 일본을 비롯한 외국의 TV프로를 보고 이를 복사, 모방하거나 포맷의 아이디어를 얻는 경우는 오랜 관례다. (…) 우리 TV의 외국 프로 표절 행위는 방송 종사자들뿐 아니라 우리 사회의 공동의 관심이 되지 않으면 안 된다. (…) 국제화-개방화 시대에 우리는 국제 감각에 익숙한 국민이어야 한다. 하지만 우리가 창조적 노력 없이 다만 외국의 문화를 모방-표절만 한다면 주체성 있는 국제인은 불가능하다.
>
> 「TV의 외국 것 흉내내기」 『조선일보』 1993. 1. 29.

두 가지 사설에 나타나 있는 불안과 위기감은 말할 것도 없이 이전까지 특수한 조건과 관계에 의해 묵인되어온 미디어 산업의 여러 관행이 새로운 질서 아래에서는 더 이상 통용되지 않는다는 '현실'에 대한 인식에서 나온 것이다. 그것을 일본 대중문화 금지의 맥락에 놓고 보면, '한일'이라는 '양국관계'의 틀에서 전개되던 '금지'의 명령이 '글로벌화'의 틀에서 '개방'으로 전환되었다는 것을 의미한다.

글로벌한 질서에 의한 보다 강력한 명령을 수행하기 위해서 '금지'에 의해 구축된 시스템 그 자체의 전환이 요구되었던 것이다.

물론 개방화의 강력한 흐름으로 인해 이전까지의 명령(금지)이 간단히 소멸했다고는 할 수 없다. 가요는 물론 영화, 방송, 만화, 소설 등 대중문화의 거의 모든 장르에서의 모방, 표절 관행이 만연한 상황에 대한 제도, 실천, 담론의 변화가 전개된 것은 단순히 개방이라는 명령을 어떻게 수행할 것인가뿐만 아니라 동시에 금지라는 기존의 명령을 어떻게 수행할 것인가의 움직임이기도 했기 때문이다. 그것은 일본 대중문화 금지를 둘러싼 담론에서 명확하게 드러난다. "일본 대중문화를 금지함으로써 한국의 민족·국가 정체성을 보호해야 한다"는 이전까지의 인식에 대해 "일본 대중문화를 개방함으로써 한국 문화산업을 보호해야 한다"는 새로운 보호론이 등장한 것이다. 물론 여기서 간과해서 안 되는 것은 이 두 가지 보호론에서 '보호되는 대상'이 다르다는 점이다. 1980년대 중반까지의 일본 대중문화 금지론에서 중심이 되는 보호 대상이 '민족 정체성'이었다면 1980년대 후반부터는 '국내 문화산업'이 금지론의 중요한 키워드로 부상했다.

일본 대중문화의 개방 문제에 대한 한국 정부의 전향적인 자세는 '세계화'를 슬로건으로 내건 김영삼 정권에 의해 좀더 구체화되었다. 특히 1994년 7월에 문화체육부가 발행한 보고서 「일본 대중문화 대응방안 연구」는 1998년의 일본 대중문화 개방이 이미 이 시점에서 사실상 구체적으로 예정되어 있었음을 보여준다. 이 보고서에 따르면 '1995년부터의 단계적 개방의 실시'와 '1998년의 전면 개방'이라는 마스터플랜이 제안되어 있었으며 1994년 시점에서 개방에 찬성하는 여론이 크게 증가하는 등 여론도 이전과는 다른 방향으로 바뀌고 있었다.

날짜	기관	찬성	반대
1992. 1	한국여론연구소	19퍼센트	79퍼센트
1992. 10	KBS	21퍼센트	78퍼센트
1994. 1	방송개발원	52.3퍼센트	33.3퍼센트
1994. 2	중앙일보	54퍼센트	37.5퍼센트
1994. 4	전문가, 국회의원	46퍼센트	53.4퍼센트

*1990년대 초반 일본 대중문화 개방에 관한 여론조사 추이를 필자가 재구성한 표

특히 당시의 사회적 논의는 일본 대중문화가 이미 유입되어 폭넓게 소비되고 있다는 '현실론'을 중심으로 재편되고 있었다. 개방에 찬성하는 측도 반대하는 측도 이 현실론을 부정하지 않았으며 "어떻게 국내 산업에 대한 피해 없이 개방을 실시할 것인가" 하는 논의로 좁혀졌다. 1980년대 후반부터의 개방화는 다음의 주학용 KDI국민 경제교육연구소장의 검토 의견이 보여주듯 일본 대중문화 금지의 문제를 양국관계가 아닌 국제관계의 틀에서 인식하고 일본 대중문화를 둘러싼 다양한 '현실'을 공적인 수준으로 끌어올렸다.

국제관계에 있어서는 무차별주의와 호혜주의가 같이 고려되어야 한다. 예를 들어 우리의 영화 부문이 미국에 의하여 크게 잠식되고 있

는데도 일본에 대해서만 다른 잣대를 적용한다는 것은 국제 사회에서 설득력이 없다.

문화체육부, 「일본 대중문화 대응방안 연구」, 1994, 208쪽

이는 이전까지 일본 대중문화가 광범위하게 소비되고 있던 현실과는 별개로 '수행하는 것 자체'가 중요했던 일본 대중문화 금지에 대한 사회적 인식이 해체되고 있었음을 보여준다. 이러한 인식은 정부 수준에서도 살펴볼 수 있다. 문화체육부가 의뢰한 「일본 대중문화 대응방안 연구」는 가장 활발한 국제 교류의 상대인 일본 대중문화에 대한 개방을 '피할 수 없는 시대의 흐름'으로 보고 "그렇다면 어떻게 어떤 절차로 개방해야 할 것인가?"에 초점을 맞춰 다음과 같은 기본 원칙을 제시하고 있다.

기본 원칙

① 상호 인정의 원칙

② 보편적 가치 추구의 원칙

③ 기반 조성의 원칙

④ 상호주의의 원칙

고려 사항

① 선별적·단계적으로 개방할 것

② 일본 대중문화 수입을 둘러싼 국민적 합의를 형성할 것

③ 일본 대중문화의 영향력을 최소화하기 위한 법적·사회적 장치를 구축할 것

④ 국내 대중문화의 육성을 위한 제반 조치를 강구할 것[36]

여기서 강조되는 점은 일본 대중문화가 한국사회에 깊이 침투해 있는 현실을 고려하여 다른 국가의 대중문화와 같은 보편적인 원칙에 기초하여 개방을 실시한다는 것이었다. 보고서는 1995년부터의 단계적 개방의 실험과 위성방송이 본격화되는 1998년부터의 전면 개방을 구체적인 시기로 제시했다. 보고서는 '일본 대중문화의 타자성'에 관한 흥미로운 논의 또한 전개하고 있다.

우리 사회가 미국 문화의 압도적인 영향을 받고 있지만, 그것을 우리 것으로 생각하지는 않는다. 말하자면 미국 문화는 우리에게 타자로서의 위상을 갖고 있다. 우리는 미국 문화를 외국문화의 하나로 받아들일 때, 상호주의적인 원칙에 서서 서로를 인정할 수 있다. 외국문화의 위상을 타자로 설정하는 것은 바로 외국 문화를 관용하는 이른바 '문화적 할인Cultural Discount'의 효과가 크다. 그러나 일본 문화의 경우, 받아들이는 우리의 사회구조적 기반이 너무 유사하고, 크게 수정하지 않고도 응용 가능한 것들이 많기 때문에 우리는 이를 쉽사리 받아들이고 따라서 우리의 문화적 정체성이 위협을 받게 된다. 일본 문화를 타자로서 인정할 때 비로소 우리는 그것을 정당하게 이해할 수 있고 평가받을 수 있게 된다. 사실 일본 문화는 우리에게 이

질적이며 타자성이 매우 강한 것임에 틀림없지만, 사람들은 일본 사람, 일본 문화를 평가하는 데 있어서 한국인, 한국 문화를 평가할 때와 같은 기준을 적용하려고 하고 있다. 여타의 외국인, 외국 문화를 평가할 때는 나름대로 별도의 기준을 적용하고 있지만, 일본의 경우에는 반드시 그렇지 않기 때문에 불필요한 오해와 배신감을 느끼게 된다.

나아가 보고서는 그러한 인식과 태도에 의해 생겨난 "일본색이 옅은 것부터 들여온다"는 전략이 결과적으로는 수많은 모방과 표절의 관행을 포함한 모순을 낳았다고 지적하고 일본의 '타자성'을 살려 개방에 의한 영향을 최소화해야 한다고 주장했다.[37]

물론 이때 거론된 '타자성'은 단순한 개방의 전략이 아닌, 한국과 일본의 포스트식민적 관계를 보여주는 문제로 이해할 필요가 있다. 일본 대중문화와의 관계를 둘러싼 인식과 태도야말로 수십 년간에 걸친 금지와 월경의 공존, 항시 내재해온 일본 대중문화에 대한 '부인의 메커니즘'이 만들어낸 것이기 때문이다. 즉 일본 대중문화 개방이 사실상 추진되기 시작한 1994년 시점에서 한국사회에 던져진 것은 사실 "금지냐 개방이냐"가 아닌 "우리에게 있어 일본이란 무엇인가"라는 좀더 근본적인 질문이었던 것이다. 『일본은 없다』를 시작으로 1994년 한 해에만 수십 종의 일본 관련 서적이 출판되었던 것도 이러한 시대적 상황을 잘 보여준다.

이상에서 살펴본 대로 1980년대 후반부터의 글로벌화에 수반된

일본을 禁하다

미디어 공간과 문화 의식의 전환, 동아시아 문화적 네트워크의 구축, 문화 정책과 문화산업, 문화 관련 법 제도의 재편 등을 통해 일본 대중문화에 대한 인식과 태도는 크게 변화했으며, 금지의 프로세스 역시 개방의 프로세스로 전환되었다. 또한 일본 대중문화 금지를 가능하게 한 지정학적 조건이 급속하게 해체됨으로써 '금지'를 구성하고 있던 법 제도, 미디어 실천 구조, 사회적 담론이 잇달아 재편되고 동시에 의식과 무의식이 복잡하게 얽혀 있던 '부인의 메커니즘' 역시 집단의식으로부터 개개인의 의식으로 해체되어갔다.

그러나 이러한 개방의 프로세스에서 '금지' 그 자체에 대한 문제의식은 여전히 충분치 않았던 것으로 보인다. 애초부터 일본 대중문화 금지의 정당성이 식민지 시대로부터의 문화적 탈각(탈식민화)에 있었다고 한다면, 개방의 프로세스는 해방 후의 탈식민화 과정이 갖는 모순을 재검토하는 것에서 시작되었어야 한다. 그러나 민주화 이후 군사 독재 정권에 의한 폭압적인 통치를 둘러싼 반성과 비판이 이루어지고 국민 동원의 메커니즘이 해체되는 과정에서 식민지 시대의 시스템을 그대로 이어받으면서 왜색 금지를 내걸었던 초기 정권과, 일본과의 긴밀한 관계를 유지하면서 일본 대중문화 금지를 국민 동원에 이용했던 군사 독재 정권에 대한 근본적인 문제 제기는 이루어지지 않았다.

그 이유는 '금지'를 당연한 전제로 인식했기 때문일 것이다. 한일 간의 역사적 갈등에서 비롯된 일본 정부에 대한 반감이 국내의 정치적 동원과 결합되면서 반일 내셔널리즘이 강화됐고, 이에 따라 일본 대중문화 금지에 대한 문제 제기와 사회적 논의 없이 그것을 '위반'하는 것에 대한 '사회적 양심'만이 공유되었던 것이다. 따라서 1980년대 후반부터 금지가 개방으로 전환되는 과정은 '정신적 지배'와 '정신적 저항'을 통한 민족문화론의 프레임이 '경제적 지배'와 '경제적 저항'을 통한 문화산업론의 프레임으로 이행된 것에 불과했다. 결국 한국사회는 일본 대중문화에 대한 양가적인 인식과 감정에 대해 묻지 않은 채 일본 대중문화 개방 이후의 새로운 한일관계의 시대에 돌입했던 것이다.

따라서 1980년대 후반까지의 한일관계의 역사적 맥락을 어떻게 이해하고 어떻게 극복할 것인가의 문제는 이후에도 한국사회의 중요한 과제로 남았다. 왜냐하면 일본 대중문화 금지의 해제는 일부 정치가들의 결단만이 아닌, 개발독재와 냉전적 질서의 시대가 붕괴하는 과정에서 '금지'가 갖고 있던 여러 모순이 드러나고 복잡하게 갈등하는 가운데 이루어진 것이며, 그 자체로 전후 한일관계는 물론이고 일본의 타자성에 대한 한국사회의 태도와 시선을 여실히 보여주고 있기 때문이다.

—

6장

—

문화 교류의 수행과 금지의 향방

수십 년간 유지된 '금지'의 중층적 정당성은 새로운 미디어 공간에서 '교류'의 정당성으로 교체되었다. 그것을 국가의 수준에서 공식화한 것이 1998년의 일본 대중문화 개방이었다. 동시에 한일 간의 문화적 관계는 새로운 인식과 시선, 전략을 요구받기 시작했다.

1. '일본 대중문화 개방'의 프로세스

김대중 정권의 개방 선언

1998년 10월, 일본 대중문화 개방이 공식적으로 실시되었다. 이 조치는 정책의 수준에서는 1994년에 그 본격적인 논의가 시작된 것이었으나 보다 근본적으로는 1980년대 후반부터의 역사적·지정학적 조건의 변화에 의해 일본 대중문화 금지의 메커니즘이 해체된 결과이기도 했다. 그러나 동시에 이 '금지'가 한국사회에서 갖고 있던 상징적 의미를 생각하면, 실제 개방의 실시는 그렇게 간단하고 단순한 것이 아니었다. 노태우 정권이나 김영삼 정권과 같이 개방화와 세계화를 내걸고 일본 대중문화 개방에 대해 매우 전향적인 자세를 국내외에 어필했던 이전까지의 한국 정부가 결국 '금지'의 해제에 나서지 못했던 것 역시 그런 이유에서였다. 오랜 기간 한일의 문화적 관계를 취재해온 『아사히신문』의 구마모토 신이치限元信— 기자가 "역시 일본과 한국의 역사를 생각하면, 이번의 개방은 영단英斷이며 그 파급 효과 역시 매우 클 것"이라고 평가했던 것도 이러한 맥락을 이해하고 있었기 때문이다.

당시 김대중 정부로의 정권 교체는 한일관계에서 보면 '64년 체제'로부터의 탈각으로 평가받았다. 가장 큰 이유는 김대중 정권이 군부 정권의 정치적 부채로부터 자유로웠던 만큼 '친일'의 꼬리표로부터도 자유로울 수 있었기 때문이다. '박정희와 김대중의 대결'로도 불리던 1997년 대선 당시 김대중 후보는 다음과 같이 이야기했다.

"박정희 전前 대통령도 전형적인 친일파였다. 해방 이후 친일파들은 독립운동을 한 민주세력을 용공으로 몰아 탄압을 일삼았고 4·19혁명 이후에는 군부를 위한 반민주세력으로 변해갔다. 이승만 전 대통령이 위장 친일세력이었다면 박 전 대통령은 본격적인 친일세력으로 볼 수 있다."

「5·16정권은 친일파 군부 연합」『경향신문』1997. 7. 5.

이처럼 친일파 문제에서 자유로웠던 김대중의 정치적 입장은 일본 대중문화 개방의 추진을 용이하게 하는 조건이었다고 할 수 있다. 이어령 전 문화부 장관이 밝히고 있듯 한국 정부에 있어서 친일이라는 꼬리표는 개방을 추진하는 데 매우 커다란 부담으로 작용했기 때문이다.

"일본 대중문화 개방은 시기 상조론을 주장하는 메이저 신문사들이 큰 벽 중의 하나입니다. 제가 지일파(원문에는 '지일파'라는 의미로 친일親日이라고 표기하고 있다)로 여겨지기 때문에 더 어려워요."

「한국의 일본 대중문화 개방 해피엔드로」『아사히신문』1998. 11. 14.

이와 같은 김대중 개인의 태도와 김대중 정권의 대일 정책을 통해 알 수 있는 것은 한국사회의 대일 인식을 '친일파 비판=반일주의'라는 단순한 도식으로 파악할 수 없다는 점이다. 이 책에서 일관되게 말하고 있는 것처럼 친일파를 둘러싼 다양한 인식과 태도의 뒤

엉킴은 한국사회 권력의 역사적 형성 및 변천 과정과도 직접적으로 연관된 복잡한 정치적 문제이기도 하며, 따라서 일본 대중문화를 둘러싼 각 정권의 태도가 보여주듯 한일관계의 틀만으로는 이해할 수 없는 것이었다. 다시 말하면 1998년 이후의 변화가 보여준 것은 친일파에 대

'일본 대중문화 개방' 특집 기사가 실린 『월간 KINO』 12월호 표지

한 비판적 자세와 일본과의 관계에 대한 전향적인 태도가 양립 가능하다는 것이었다. 실제로 김대중은 당선 직후 일본의 보도에서 빠짐없이 언급되었던 것처럼 자타가 공인하는 '지일파'였다.

그리고 일본 대중문화 개방의 단계적 개방 방침에 앞서 당시 김대중 대통령은 관련 부서에 "두려움 없이 임하라"고 지시했다고 한다.[2] 지난 수십 년간 일본 문화를 둘러싸고 한국사회를 지배했던 정치적 명령이 "두려워하라"였다면 1998년에야 "두려워하지 말라"로 전환된 것이다. 즉 1998년의 일본 대중문화 개방은 단순한 정책의

일 본 을 禁 하 다

변화가 아닌, 일본이라는 타자를 둘러싼 인식과 태도가 결정적으로 변화했음을 의미한다.

'아시아 금융 위기'와 대일 경제 개방

이전까지 주로 정치적 측면에서 다뤄져온 일본 대중문화 금지의 문제는 1990년대 후반부터 중요한 경제적 문제로 논의되기 시작했다. 1980년대 후반 이후의 글로벌화의 흐름이 그 배경에 있었으나 이를 결정적으로 가속화시킨 것은 1997년의 아시아 금융 위기였다.

1965년의 한일국교정상화 이후 한일 간 경제적 관계는 대중문화를 둘러싼 관계와 매우 유사한 성격을 보이며 발전했다. 부품과 소재, 기계류에서는 과잉된 의존을 보이면서도 'Made in Japan'을 붙인 상품의 수입은 무역 적자와 국민정서를 이유로 금지하는 구조가 유지되었던 것이다. 급속히 진행된 글로벌화의 한가운데에서 일어난 아시아 금융 위기는 그러한 한일 간 경제적 관계에 커다란 영향을 끼쳤다.

가장 눈에 띄는 변화는 일본 제품의 시장 진입을 규제하고 있던 수입선다변화제의 폐지였다. 1999년 6월부터 이전까지 금지되어 있던 일본의 자동차, 텔레비전, 휴대 전화 등 16개 일본 제품의 수입이 허용되면서 21년 만에 대일 수입 규제가 완전히 철폐된 것이다. 수입선다변화제란 1978년에 대일 무역 적자 타개를 목적으로 도입된 제도였다. 전자, 전기, 자동차, 기계를 중심으로 1980년대 초반에는 924개 품목의 수입이 금지되어 있던 것이 1996년 세계무역기구WTO

를 통해 1999년까지의 단계적 축소가 합의되었고 1997년 금융 위기가 터지자 IMF에서 자금 지원을 받는 조건으로 남은 16개 품목에 대한 해금과 함께 완전히 철폐되었다.

일본 대중문화 개방은 일본 제품에 대한 시장 개방의 흐름과 연동하고 있었다. 여러 경제, 문화 관련 보고서가 수입선다변화제의 폐지에 관한 논의에 문화 개방 문제를 겹쳐놓고 일본 제품과 대중문화의 한국 진출을 한국 제품과 대중문화의 경쟁력 강화와 한일 간의 새로운 관계 구축의 계기로 보았다. 예를 들어 한국방송광고진흥공사KOBACO가 간행하는 『월간광고정보』의 한 칼럼은 수십 년간 반감과 동경을 함께 품어왔던 일본 제품과 대중문화의 개방을 한국 광고업계에 있어서 하나의 도전이라고 전제하고, 수입이 자유화되면 표절에 대한 자기검열이 보다 엄격해질 것이며 한일 소비자의 심리와 문화의 차이에 대한 이해가 깊어질 것이라고 전망했다.[3]

특히 아시아 금융 위기라는 국가적 재난은 문화산업을 한국의 기간산업으로 위치하게 만든 결정적인 계기가 되었다. 발전국가적 모델이 경제 위기의 발단이 되었다고 인식되면서, 이전까지 산업화 과정에서 주변적이며 억압의 대상에 불과했던 대중문화를 국가경쟁력의 핵심으로 키우고자 하는 시도가 중요한 과제로 부상한 것이다. 문화관광부가 간행한 각종 보고서에 등장한 '제2의 건국을 위한 문화 정책' '21세기 문화 입국' '문화 일류국가'와 같은 표현이 보여주듯 문화산업 진흥은 김대중 정권이 발족하면서 국가 정책의 주요 축으로 자리매김했다. 실제로 1999년에 문화산업진흥기본법이 제정되고 2000년부터 1000억 원 단위의 문화산업진흥기금을 바탕으로 문화산업에 대한 적극적인 육성, 지원이 이루어졌다.[4]

즉 일본 대중문화 개방은 1997년 이후의 이른바 IMF 시대에 있어서 결코 피해갈 수 없는 길이었다. 그것은 단순히 일본의 경제적 지원을 조건으로 한 시장 개방의 흐름만이 아니라 문화산업을 성장시켜 세계 시장에서 경쟁하기 위한 국가적 과제를 배경으로 한 것이었다. 불안과 기대, 공포와 희망이 복잡하게 얽혀 있는 가운데 일본 대중문화는 '문화정치'의 문제에서 '문화경제'의 문제로 전환되어간 것이다.

월드컵 공동 개최와 한일의 '2002년 체제'

이러한 정치적·경제적 측면에서의 급속한 전환이 진행되면서 문화적 측면에서의 한일관계의 변화가 제3의 전환으로 나타났다. 그 계기가 된 것은 2002년 FIFA 월드컵이었다. 1998년 10월 21일 기타노 다케시北野武 감독의 「HANA-BI」를 제1호로 하는 일부 영화와 만화, 잡지에 대한 제1차 개방을 실시하면서 한국 정부는 ① 국민적 합의하의 정책 수립 ② 단계적이되 적극적인 접근 ③ 상호주의 원칙 ④ 건전한 문화 교류 ⑤ 민간 차원의 교류 추진 등의 원칙과 함께 그 의의를 다음과 같이 제시하고 있다.

아태지역의 경제적 안정과 발전에 한일 간의 적극적 협력이 긴요하고 IMF경제국난 극복을 위한 한일 간 파트너십 구축이 필요할 뿐 아니라 2002년 한일 공동개최를 계기로 활발한 문화 교류 움직임이 있는 현시점에서 한일 간에 소위 '65년 체제'는 이제 거의 수명이 끝나고 월드컵 공동 개최를 계기로 '2002년 체제'가 새롭게 막 떠오르고 있다고 볼 수 있다. 또한 세계는 국경 없는 지구촌으로서 서로의 공동 번영을 위해 모든 것이 개방되고 무한 경쟁 시대로 접어드는 추세에 있다. 이러한 국제 조류 속에서 특정 국가에 대해서만 문화 교류를 하지 않는다는 것은 자연스럽지 못하다고 할 수 있다.

문화관광부, 「정부, 일본 대중문화 단계적 개방 방침 발표」, 1998. 10. 21.

또한 김대중 대통령과 일본의 오부치 게이조 수상은 "정부 간 교류뿐만 아니라 양국 국민 간에 깊은 상호 이해와 다양한 교류가 있다는 인식하에 양국 간의 문화적·인적 교류를 확충"하는 내용을 골자로 '한일공동선언'을 발표했다. 일본 대중문화 개방은 이 한일공동선언의 선전 구호였던 '21세기를 향한 새로운 한일 파트너십'을 구체적으로 보여주는 조치였다.

김대중 대통령은 한국 내에서 일본 문화를 개방해나가겠다는 방침을 전달하였으며, 오부치 총리대신은 이러한 방침이 한·일 양국의 진정한 상호 이해에 기여할 것으로 환영하였다. 11. 김대중 대통령과 오부치 총리대신은 21세기의 새로운 한일 파트너십이 양국 국민의 폭넓은 참여와 부단한 노력에 의하여 더욱 높은 차원으로 발전될 수 있다는 공통의 신념을 표명하는 동시에, 양국 국민에 대하여 이 공

일본을 禁하다

동 선언의 정신을 함께하고, 새로운 한일 파트너십의 구축 발전을 위한 공동의 작업에 동참해줄 것을 호소하였다.

주 대한민국 일본국대사관, 「한일공동선언-21세기를 향한
새로운 한일 파트너십」, 1998. 10. 8.

이 선언문에 담긴 '2002년 체제'의 함의는, 당시 한국의 한일문화교류 정책 자문위원회의 초대 위원장이었던 지명관 교수의 표현을 빌리자면, "한일조약으로 정치경제적인 관계의 회복에 머물러 있던 1965년 체제부터 월드컵을 공동 개최하면서 한일 국민이 화해하는 새로운 체제"5였을 것이다. 즉 한일관계의 공고한 전후 체제를 만들어낸 '1965년 체제'에서 어떻게 탈각할 것인가 하는 과제가 한일 공동의 작업으로 부상한 것이다. 또한 이 시기의 한일은 1990년대의 각종 공간에서 급부상하여 공유되기 시작한 '동아시아'라는 의식을 좀더 구체화시킨 장이었다고도 할 수 있다. 냉전 구조와 산업화 과정에서 고착화한 정치경제적 관계가 해체되고 새로운 동아시아를 상상하기 위한 다양한 실천이 동시에 벌어지고 있었기 때문이다. 그리고 그 실천의 주된 방법으로 제기된 것이 일본 대중문화 금지로 상징되는 문화의 영역이었으며, 이 문화의 교류가 어떻게 정치와 경제에 동원되지 않으면서 한일의 새로운 관계를 구축할 수 있을 것인가 하는 문제가 '2002년 체제'의 중요한 과제로 떠올랐다.

'신세대'의 등장과 '부인'의 거부

위에서 살펴본 대로 일본 대중문화 개방은 다양한 역사적 조건의 변화가 낳은 정치적·경제적·문화적 산물이었다. 그러나 그 성격을 이해하는 데 있어서 간과할 수 없는 것은 왜색을 둘러싼 복잡한 인식과 태도를 통해 나타나던 문화 정책과 문화산업 수준에서는 파악할 수 없는 일본 대중문화 수용자들의 문화적 감수성이 어떻게 변화했느냐 하는 점이다.

그 변화는 이전까지 한국을 지배하던 '큰 이야기'들이 냉전 체제의 붕괴와 민주화, 개방화에 의해 해체되고, 개개인의 욕망과 취향이 주된 문화적 요인으로 부상한 1990년대 이후 한국의 문화적 공간의 포스트모더니즘과 함께 출현했다. 개발독재기에는 통제되어야 할 비등한 것으로 다뤄지던 대중문화가 중요한 사회적 장으로 자리매김하고 신세대에 의한 서브컬처의 생산, 유통, 소비가 주목을 받으면서 일본 대중문화를 소비하는 주체가 '국민'이 아닌 파편화된 개개인의 소비자로 변모하기 시작한 것이다. 한국이 새로운 시대의 흐름에 휩싸여 있던 1988년에 등장하여 1990년대를 통해 한국문학의 포스트모더니즘을 주도한 시인 유하의 1995년 시 「세운상가 키드의 사랑 3」은 그 변화를 상징적으로 보여주고 있다.

> 나는 미국판 마분지 소설
> 휴먼 다이제스트로 영어를 공부했고
> 해적판 레코드에서조차 지워진 금지곡만을 애창했다

나의 영토였던 동시 상영관의 지린내와, 부루라이또 요코하마

양아치, 학교의 개구멍과 하꼬방,

난 모든 종류의 위반을 사랑했고

버려진 욕설과 은어만을 사랑했다.

유하, 「세운상가 키드의 사랑 3」 『세운상가 키드의 사랑』,
문학과지성사, 1995, 104쪽

이 시는 미국 것이든 일본 것이든, 자신이 향유한 모든 것을 사랑했다고 선언하는 '나'를 통해 금지와 위반이 복잡하게 얽혀 있던 한국사회의 문화적 감수성을 이야기하고 있다. 여기서 말하는 세운상가는 1967년에 완공된 종로의 전자상가로, 1960~1980년대 개발독재기를 통한 한국의 근대화를 상징하는 공간이기도 했다. 시 속의 '나'는 근대화의 꿈으로 여겨지던 이 거대한 건물의 어두운 뒤편에서, 밖에서는 손에 넣을 수 없는 수많은 금지와 만났던 것이다.

유하의 시가 포스트모더니즘으로 불리는 이유는 이전까지 국민의 질서에 의해 만들어진 거대한 이야기를 거부하고 개인으로서의 욕망을 중시하는 그 태도에 있다. 1990년대에 『상실의 시대』를 시작으로 무라카미 하루키에게 열광적인 반응을 보이며 개인의 관점과 경험을 중심으로 한 문학이 유행했던 것처럼, 한국의 포스트모더니즘에서는 '국민'과 '개인' 사이에 있는 주체의 문제가 매우 중요한 의미를 가지고 있었다. 이전까지 일본 대중문화의 소비가 국민으로서 부인할 수밖에 없는 것이었다고 한다면, 그것을 개인이 가진 욕망에

수반된 경험으로 말하는 '부인에 대한 거부'가 유하의 시에서 일어나고 있는 것이다.

물론 그러한 변화를 대일 의식과 감정의 직접적인 변화로 단순화할 수는 없어 보인다. '부인에 대한 거부'는 대중문화를 둘러싼 한국 사회의 의식이 변화하고 개개인의 주체가 중시됨에 따라 이전까지 '큰 이야기'로 존재했던 수많은 금지가 더 이상 수행되지 않게 되고, 동시에 개개인의 취향과 욕망이 강조되면서 일어난 것이었기 때문이다.

유년기부터 컬러텔레비전을 통해 영상 문화를 접하고 고도성장기의 자본주의적 소비문화양식이 몸에 배어 있던 1970년대 세대들은 1990년대가 되자 컴퓨터, 무선호출기, 휴대 전화 등 새로운 미디어를 이용해 자신을 중심으로 한 사적 공간으로부터 세상을 보고자 했다. 그들이 사회가 아닌 사회에 대한 개인의 감정을 리듬에 담은 힙합 음악과 개인의 의무가 아닌 욕망이 우선되는 소비 공간에 열광했던 것은 그러한 개개인의 욕망이 문화적으로 표출된 결과다. 이 새로운 문화생산 소비의 주체들은 외국 문화를 수용하는 데 있어서도 미국과 일본의 대중문화에 대한 콤플렉스로부터 비교적 자유로운 세대였다. 그것을 상징적으로 보여준 것이 일본 대중문화에 대한 태도와 시선이 아니었을까. 1990년대 신세대의 출현과 포스트모더니즘으로의 전환에 의해 세대 간의 단절이 일어나고 이전까지 기성세대(일본어 세대와 산업화 세대)와 젊은 세대가 공존하고 있던 일본 대중문화 금지의 양상 역시 크게 변화했기 때문이다.

일본을 禁하다

1990년대의 신세대는 자신들의 문화 향유 행위가 사회적인 비판의 대상이 되는 것 자체를 거부하고, 일본 대중문화의 소비를 사적인 일탈이 아닌 하나의 공적 문화로 위치시키고자 했다. 록그룹 엑스 저팬x Japan과 미야자키 하야오, 무라카미 하루키, 「슬램덩크」 「신세기 에반게리온」 등을 중심으로 한 팬덤과 대학가에서 활발하게 열린 일본 영화와 애니메이션 스터디 및 상영회, 일본 음악 감상회 등과 같이 개개인의 취향이 집단적으로 공유되기 시작한 것이다. 엑스 저팬의 앨범 〈Blue Blood〉는 1990년대 당시 해적판으로만 50만 장 이상 판매된 것으로 알려져 있으며,6 각 대학 상영회에서 엄청난 관객을 몰고 다니던 이와이 슌지巌井俊二 감독의 영화 「러브레터」는 정식 개봉 이전에 이미 해적판으로 30만 개가 판매되고 100만 명에 달하는 사람이 보았다고 한다.7

즉 1990년대의 '일본 붐'은 1980년대까지의 일본 대중문화의 소비와는 전혀 다른 형태로 전개되었다. 1980년대까지의 대학이 반反독재·반미운동의 성지로 기능했던 것을 생각하면, 일본의 영화와 애니메이션이 상영되고 록 음악이 연주되는 1990년대 대학의 풍경은 단순히 시대의 변화 이상의 것을 보여주고 있었다. 그러한 변화는 탈정치화와 개인화, 동아시아를 포함한 국제적인 시야의 발견 등을 경험해온 세대에게 일본이라는 타자와의 관계에 대한 인식과 태도가 구세대의 그것과는 공식적으로 단절되기 시작했음을 의미했다. 한국의 문화 공간이 이전까지의 질서에서 탈각해나가는 과정에서 일본 대중문화는 포스트모던한 문화 공간을 구성하는 하나의 요소로 존재했던 것이다.

일본 대중문화에 대한 대학생들의 의식과 태도는 개방이 실시되기 직전인 1998년 5월에 발표된 조사에서도 잘 드러나고 있다. 『한국대학신문』이 서울 지역 대학생을 대상으로 실시한 조사에 따르면, '일본 대중문화가 우리나라에 대해 끼친 영향'에 관해 묻는 질문에 "크다"라고 응답한 사람이 84.1퍼센트에 달했으며 90퍼센트가 일본의 애니메이션과 만화, 대중음악, 텔레비전 방송, 잡지 등을 접한 적이 있다고 답했다. 또한 '김대중 정권의 일본 대중문화 단계적 개방'에 대해서는 84.1퍼센트가 "찬성한다"고 답했다.[8] 민족정체성론, 반일감정론, 아동·청소년보호론, 국내문화산업보호론 등 전통적으로 일본 대중문화 금지의 담론적 근거가 되었던 정서가 1990년대 이후 세대에 있어서는 더 이상 작용하지 않았던 것이다.

1995년에 창간되어 대학생이나 문화예술인들을 중심으로 활발하게 소비된 영화 잡지 『월간 KINO』는 일본 대중문화에 대한 1990년대의 인식과 태도를 흥미롭게 보여주고 있다. 『월간 KINO』는 도쿄 특파원을 통한 최신 뉴스를 게재하고 예술 영화부터 최신 상업 영화까지 다양한 일본 영화를 심층적으로 분석하는 등, 창간 초기부터 일본 영화, 애니메이션을 적극적으로 소개했다. 또한 『키네마준보』 편집장의 인터뷰를 실은 1995년 12월의 일본 영화 특집, 1996년 11월, 12월호에 걸친 일본 애니메이션 특집에서 보이듯 양적으로나 질적으로나 일본 영화가 높은 비중을 차지하던 잡지였다. 이 잡지의 출현은 주로 유럽 예술 영화나 할리우드 영화를 다루던 한국 영화

론에 일본 영화와 애니메이션이 중요한 영역으로 추가되었음을 보여
주었다.

일본 영화와 애니메이션에 대한 관심은 '아시아 영화'라는 새로운
프레임과 함께 나타난 현상이었다. 1990년대 중반은 홍콩의 우위
썬, 중국의 천카이거, 대만의 리안, 허우샤오셴, 베트남의 쩐아인훙
등 이미 '뉴웨이브'라는 이름으로 세계적으로 각광을 받고 있던 아
시아의 영화감독들과 새로운 번영기의 막을 열고 있던 한국 영화가
일본 영화, 애니메이션과 함께 아시아 영화의 축을 담당하기 시작한
시기였다. 즉 경계가 열려가는 동아시아가 생산해내는 문화적 다이
나미즘이 수십 년간 일본 대중문화 금지에 의해 구축되어 있던 소
비의 메커니즘과 미디어 공간의 양상을 변화시킨 것이다.

구로사와 아키라黑澤明가 별세한 1998년, 『월간 KINO』에 실린 다
음의 추도문을 보자.

이제 천지창조를 일으킬 수 있는 영화감독들은 거의 세상을 떠나버
린 것 같다. 우리는 비통한 심정으로 지금 구로사와 아키라를 보내
야 한다. 거인들은 우리 곁을 떠나고, 지구에 남아 있는 우리는 점
점 더 보잘것없어지고 있다. 문학이 도스토옙스키를 잃었을 때 그 상
실감을 그 누구로도 대신할 수 없었던 것처럼, 구로사와의 빈자리를
영원히 그 누가 대신할 수는 없을 것이다. 하지만 탄식하는 우리에
게 구로사와는 쾌활하게 걸어가다가 뒤돌아보는 산주로처럼 말할 것
이다. "바보 자식들. 이제부터는 너희의 시대라고. 그러니까 이제부터

너희가 어른인 거야." 그렇습니다. 감독님. 사요나라, 구로사와.

「작별인사 구로사와 아키라」『월간 KINO』 1998. 10.

1998년이 일본 대중문화 개방이 실시된 해였다는 점을 생각하면, 이것은 일본 영화를 두고 한국의 영화팬들이 얼마나 많은 것을 공유하고 있었는지를 보여주는 문장이 아닐까. 즉 새로운 세대가 주도한 90년대의 미디어 공간에서는 한일 간의 문화 월경과 미군의 주둔 문화와 같은 전통적인 인식의 틀을 가볍게 뛰어넘은, 유동적이고 탈경계적인 감수성이 개개의 소비 주체에 공유되기 시작했으며 그러한 변화가 일본 대중문화에 대한 유연한 인식과 태도로 나타나고 있었다.

수십 년간 일본 대중문화 금지를 구성해온 '법 제도' '미디어 실천' '사회적 담론' 중 저작권 문제가 애매한 법 제도의 측면에서, 개방화와 민주화가 미디어 실천의 측면에서 금지의 메커니즘을 전환시켰다면 일본 대중문화를 둘러싼 이러한 집단적 인식과 '감정 구조'의 변화는 사회적 담론의 측면에서 '금지'의 의미와 성격을 다시 묻는 역할을 했다. 또한 법 제도의 정비와 산업 시스템의 편성 전환이 의식의 차원에서 '금지'의 수행을 더 이상 불가능한 것으로 만들었다면, 일본 대중문화의 소비를 부인하는 것을 거부하기 시작한 소비 주체의 의식과 태도의 변화는 자기검열에 의한 무의식의 차원에서의 '금지'의 수행을 무의미한 것으로 만들어버렸다고도 할 수 있을 것이다.

2. 문화와 역사의 충돌

단계적 개방의 실시

앞서 살펴본 정치, 경제, 문화의 전환점을 배경으로 공식적인 일본 대중문화 금지는 단계적으로 해제되었다. 다음 표는 1998년 제1차 개방부터 2004년의 제4차 개방까지의 내용을 정리한 것이다.

개방 시기	개방 내용
제1차 개방 1998. 10. 20	영화 및 비디오 부문 -영화 및 비디오: 공동제작 영화 -한국 영화에 일본 배우 출연 -4대 국제영화제 수상작 출판 부문 -한일 영화 주간 상영작. 일본어판 만화와 만화 잡지
제2차 개방 1999. 9. 10	영화 및 비디오 부문 개방 확대 -공인 국제영화제(총 70여 개) 수상작 -'전체관람가' 영화(애니메이션 제외) 공연 부문 -2000석 이하 규모 실내 장소의 대중가요 공연 　(단 식품 접객업소에서의 공연과 공연 실황의 방송, 음반 및 비디오의 제작/ 　판매는 불가)
제3차 개방 2000. 6. 27.	영화 -영상등급위원회에서 인정하는 12세 관람가, 15세 관람가까지 추가 개방 극장용 애니메이션 -국제영화제 수상작 비디오 -국내에서 상영된 영화와 애니메이션 비디오 대중가요 공연 -실내외 구분 없이 전면 개방 음반 -일본어 가창 음반을 제외한 모든 음반 　(연주, 제3국가 가창, 한국어 번역 등) 게임 -비디오 게임물을 제외한 나머지 게임물 　(PC게임, 온라인게임, 오락실용 등) 방송 -매체 구분 없이 스포츠, 다큐멘터리, 보도프로그램 -케이블 TV 및 위성방송은 공인된 국제영화제 수상작과 국내에서 개봉된 전체 　관람가 영화

제4차 개방 2004. 1. 1	영화 —전면 개방 음반 —일본어 가창 음반을 포함한 전면 개방 게임 —전면 개방 비디오 —영화 및 극장용 애니메이션과 연계하여 개방 폭을 확대 방송 —케이블TV, 위성방송 대폭 개방, 지상파 일부 개방 —대중가요: 일본어 가창 뮤직비디오의 지상파 방영 —드라마: 지상파에서는 한일 공동제작 드라마에 한하여 개방 —모든 오락 방송 극장용 애니메이션 —2006년 1월 1일부터 전면 개방

여기서 2000년 제3차 개방부터 2004년 제4차 개방까지의 공백에 주목할 필요가 있다. 상징적인 의미를 갖고 있던 1998년 제1차 개방부터 3년 연속 추가 실시된 개방이 왜 2001년부터 중단된 것일까. 그 배경에는 새롭게 부상한 역사 문제가 있었다.

2001년 역사교과서 문제

2002년 FIFA 월드컵을 1년 앞두고 일본에 대한 전에 없이 우호적인 인식이 형성되면서 '역사상 가장 좋은'9 관계라고 평가받던 한일관계가 한순간에 악화된 것은 2001년 4월 '새로운 역사교과서를 만드는 모임'의 주도로 편집되어 후소샤扶桑社를 통해 출판된 중학교 역사교과서가 문부과학성의 교과서 검정에 합격하고 일본 국내외의 반발을 불러일으킨 것이 그 원인이었다. 특히 한국에서 문제가 된 것은 '동학농민운동' '조선강제병합' '종군위안부' '황민화정책' 등 식민지 시대를 중심으로 한 근현대사에 관한 서술이었다. 예를 들어

　　　　　　　　　　　　　　　　　　일 본 을 禁 하 다

한국에서는 외세로부터 나라를 지키기 위한 운동으로 평가받는 '동학농민운동'을 '동학의 난'이라는 용어를 사용하여 농민 폭동으로, '일본군 위안부'에 대해서는 강제성이 기술되었다고는 하지만 아시아 지역의 여성과 어린이들의 피해가 누락되고 '일본군 위안부'라는 용어 자체가 사용되지 않았다.[10]

이 문제는 국내의 반발을 무릅쓰고 1998년의 한일공동선언과 일본 대중문화 개방을 성사시킨 김대중 정권으로서는 곤혹스러울 수밖에 없는 것이었다. 역사 인식 문제에 다시 불이 붙음으로써 김대중 정권의 대일對日판 햇볕정책에 브레이크가 걸릴 수밖에 없었고 그것은 일본 대중문화 개방을 통해 직접적인 형태로 나타났다. 한국 국회에서 '일본국 역사교과서의 왜곡 시정을 촉구하는 결의안'이 통과되고 보수 성향의 신문을 중심으로 다양한 형태의 압력이 가해지면서 정부가 2001년 말 혹은 2002년에 실시할 예정이었던 추가 개방 조치를 무기한 중지한다고 발표한 것이다. "일본 대중문화 개방은 한일 양국의 상호 신뢰 관계를 바탕으로 이뤄졌던 만큼 일본 문화의 추가 개방은 일본의 역사교과서 왜곡 문제와 분리할 수 없다"[11]는 것이 그 이유였다. 즉 역사교과서 문제의 부상은 단순히 일본의 우익화에 대한 불안과 위기감을 높였을 뿐만 아니라 한국 내부의 내셔널리즘을 비판적이고 성찰적으로 보려고 하는 움직임까지 약화시키는 효과를 가져왔다. 국민국가의 틀을 깨고 비판적인 시민사회의 연대를 통해 우경화에 대항하고자 하는 노력 역시 위축될 수밖에 없었다.

이러한 상황은 한국사회에 새로운 딜레마를 안겼다. 단계적으로 실시하던 일본 대중문화 개방뿐만 아니라 이미 예정되어 있던 한일 문화 교류행사가 중단되거나 연기되었던 것에서 알 수 있듯 2002년 FIFA 월드컵을 계기로 각종 교류를 추진하던 한국 정부와 관련 단체로서는 가장 민감한 역사인식 문제가 부상함에 따라 '계속하지도 중단하지도 못하는'[12] 상황에 빠져버린 것이다. 결국 일본 대중문화 제4차 개방은 2003년에 발족한 노무현 정권에 의해 2004년에 재개되었다. 그것은 물론 역사교과서 문제와는 별개로 2002년 FIFA 월드컵을 전후로 생겨난 우호적 관계를 이어나가기 위한 조치였다고 할 수 있다.

그러나 결국 역사교과서 문제가 한국사회에 던진 딜레마는 2002년 체제를 크게 흔드는 결과를 낳았다. 65년 체제 속에서 경험한 것과 같은 '문화로서의 한일'과 '역사로서의 한일'의 충돌이 재연됨으로써, 2000년대의 활발한 문화 교류에도 불구하고 한일이 65년 체제로부터 쉽게 탈각할 수 없음을 재확인하게 되었기 때문이다. 이러한 인식이 양국의 국내 정치 상황과도 밀접히 결합하며 확대되었고, 전에 없이 활기를 띠었던 한일 간 문화 교류는 언제 또 터질지 모르는 불씨를 머금은 채 전개되었다.

일본 대중문화 시장의 위축

2001년부터 2003년까지의 개방 공백기는 단계적 개방과 함께 안정적인 위치를 점해가던 일본 대중문화 시장에도 적지 않은 영향을

일 본 을 禁 하 다

끼쳤다. 특히 그 효과는 영화 시장에서 현저하게 드러났다.

1998년 10월에 영화 「HANA-BI」가 정식 개봉한 이래 한국에서 가장 흥행한 영화는 제2차 개방에 맞춰 1999년 11월에 개봉해 서울에서만 64만 명(전국은 120만 명)의 관객을 동원한 이와이 슌지 감독의 「러브레터」였다. 숫자뿐이 아니었다. 『월간 KINO』 2000년 1월호 '관객이 고른 1999년도 영화 베스트 10'에서 1위에 오르는 등 이 영화에 대한 반응은 양적으로도 질적으로도 매우 두드러졌다. "지상파 텔레비전과 같은 파급력이 큰 매체를 이용한 광고는 모든 일본 문화가 개방된 후에 가능하다"는 방송위원회의 애매한 기준에 의해 「러브레터」의 지상파 텔레비전 광고가 금지되어 있었음에도 불구하고[13] 한국의 영화팬들은 이전에 없던 형태의 순애보를 그린 이 작품에 열광했고 이미 불법 복제 테이프를 통해 영화를 접한 사람들까지도 재관람 열풍에 동참했다.[14]

이와 함께 1999년에 3.1퍼센트에 머물러 있던 점유율이 2000년에 7.8퍼센트까지 오르는 등 일본 영화는 한국 영화 시장에 안정적으로 정착해나가는 듯 보였다. 2000년 한 해에만 「철도원」(이하 서울 기준) 21만9327명,

『경향신문』 1999. 11. 20.

「사무라이픽션」 22만4256명, 「감각의 제국」 14만1115명, 「4월이야기」 16만1423명, 「쉘 위 댄스」 30만1692명, 「춤추는 대수사선」 30만9767명, 「링 2」 12만8521명, 「웰컴 미스터 맥도날드」 13만7063명, 「극장판 포켓몬스터: 뮤츠의 역습」 18만2360명 등 아홉 개 작품이 서울에서 10만 명 이상의 관객을 동원했다.[15]

그러나 일본 영화 점유율은 이후 2001년에 1.4퍼센트, 2002년에 3.2퍼센트로 급속히 감소했다. 2001년과 2002년에 서울에서 10만명 이상을 동원한 네 편의 일본 영화 중 두 편은 미야자키 하야오 감독의 「이웃집 토토로」(2001, 12만8900명)와 「센과 치히로의 행방불명」(2002, 93만6250명)이었다. 1999년에 35.8퍼센트, 2000년에 32.0퍼센트였던 한국 영화 점유율이 2001년에 46.1퍼센트, 2002년에 45.2퍼센트로 급증한 것도 하나의 요인이었으나 2000년의 활발했던 시장의 움직임을 생각하면 그것만으로는 충분히 설명할 수 없는 현상이었다. 역사교과서 문제로 인한 반일감정과 일본 영화 흥행 부진과의 관계를 지적하는 분석이 나온 것도 이 같은 맥락을 반영하는 것이라 하겠다.[16]

역사교과서 문제가 불거진 후 급랭한 분위기는 2002년 2월 15~16일에 MBC, TBS에서 동시 방영된 한일 공동제작 드라마 「프렌즈」를 둘러싼 논쟁을 통해서도 나타났다. 논쟁의 발단은 지명관 당시 한일문화 교류 정책자문위원장이 일본어 대사가 30퍼센트를 차지하던 것에 대해 "우리나라 정부와 방송의 원칙 없는 일본 문화 수용조치에 항의"하고 사표를 제출한 것이었다. 지명관 위원장은 "공

일 본 을 禁 하 다

식적으로 개방되지 않은 지상파 TV에 일본어가 그대로 나오는 드라마가 방영될 수 있는지 알 수가 없다"며 문화관광부와 방송위원회를 비판했고, "일본의 역사교과서 왜곡 파문으로 인해 한일관계에 미묘한 기류가 감돌고 있는데도 상업주의로 공적인 결정을 무시하고 공공성을 저버린 MBC의 자세에 큰 의문이 든다"는 입장을 발표했다.[17] 언론도 비판을 이어갔다.

이 드라마는 이틀에 걸쳐 방영됐으나 중간에 아무런 제재 조치가 없었다. 문화부와 방송위원회도 손을 놓고 있었다는 얘기다. (…) 월드컵과 일본 문화 개방은 별개의 일이다. 관계 당국은 사후심의를 통해서라도 방송사 관계자들을 문책하고 일본 문화의 단계적 개방 원칙이 지켜질 수 있도록 철저한 점검에 나서야 한다.

「사설-일본 대중문화 개방 원칙 지켜야」『동아일보』 2002. 2. 18.

이러한 비판에 대해 MBC 측은 "한일 합작 형태의 프로그램 방송은 국익과 여론, 문화를 고려해 결정해야 한다"고 전제하고 "단순히 일본어 대사 방송으로 규제하는 것은 문제가 있"[18]으며, "방송위원회로부터 일본 드라마가 아니라 한일 공동제작이기 때문에 방영해도 괜찮다는 유권 해석을 받았다"[19]고 주장했다. 물론 "한일 공동제작 드라마는 일본 문화 개방정책의 대상이 되지 않는다"[20]는 방송위원회의 의견에서 알 수 있듯이 이 소동의 배경에는 공동제작 프로그램에 관한 방송 기준이 마련되어 있지 않았던 당시의 제도적 측면이 한몫했다. 그러나 한국 정부가 2002년 2월부터 7월까지 일시적으로 일본어 가사 노래 방송을 허용하는 등 월드컵을 앞두고 예외적인 문화 교류가 활발하게 시도되고 있었던 것을 생각하면 이 「프렌즈」 소동을 포함한 개방에 대한 비판적인 움직임은 2001년 역사교과서 문제의 연장선 위에서 이해할 필요가 있다.

이와 같이 역사교과서 문제는 일본 대중문화 시장에 타격을 주었을 뿐만 아니라 한일 문화 교류에 관한 사회적 담론에도 영향을 끼쳤다. 물론 한일의 역사 문제는 1982년의 사례를 생각해도 그것 자체로 새로운 것은 아니었다. 그러나 2002년 체제에서 문화의 생산과 소비를 주도하는 소비자 층이 65년 체제의 '부인의 메커니즘'으로부터 비교적 자유로워진 세대라는 것을 감안하면 그 영향은 과거와는 또 다른 것이었으며, 일본 대중문화를 둘러싼 인식과 감정 역시 이전까지의 반일감정과 같은 것으로 단순화시킬 수 없을 것이다.

그 차이는 월드컵 직후인 2002년 8월에 실시된 일본 방송 개방에 관한 방송위원회의 조사에서도 명확하게 드러나고 있다. "일본 방송 개방을 일본 역사교과서 왜곡 등 한일 양국의 과거사 문제와 연결시켜 추진해야 하느냐"는 질문에 응답자의 61.6퍼센트가 "일본 방송 개방은 일본 역사교과서 왜곡 등 과거사 문제와는 별개로 생각해야 한다"[21]고 답했다. 즉 2000년대 초반에 일어난 역사 문제를 통해 한국의 새로운 소비자들은 '부인의 메커니즘'이 노골적으로 작동했던 65년 체제와는 다른 형태의, 더욱 복잡하고 애매한 인식과 감정의 교차를 경험해야 했던 것이다.

1998년 이후의 한국에서 일본 대중문화를 소비한다는 것은 이전과 같은 '양심'에 의한 사회적 비판이 가해지는 것은 아니었으나 역사 문제를 둘러싼 일본에 대한 반감이 이전까지와는 다른 형태의 '부인'을 유지하게 했다. 즉 65년 체제에서 일본 대중문화의 소비가 일본 대중문화에 대한 호감을 공적으로 표하지 않는 형태로 이루어졌다면, 2002년 체제에서의 일본 대중문화의 소비는 개인의 취향으로서의 호감을 일부러 감추지 않으면서 공적으로 공유되는 '정치적 의무'를 동시에 나타내는 형태로 변해갔다.

3. 한일 문화 교류를 둘러싼 새로운 시선과 전략

한류의 충격

이미 살펴본 대로 일본 대중문화 개방은 글로벌화 과정과 일본과의 정치·경제·문화적 관계의 복잡한 변화 등을 배경으로 하고 있었다. 그리고 1999년 이후 개방이 단계적으로 실시되는 가운데 문화산업을 둘러싼 인식을 극적으로 전환시킨 또 하나의 요인이 누구도 예상하지 못한 방식으로 등장했다. 그것은 1990년대 후반부터 시작된 중국 발 한류였다.

1997년 무렵부터 TV드라마가 높은 인기를 구가하던 중국에서 아이돌 그룹들이 폭발적인 반응을 얻기 시작하자 1999년 『베이징청년보北京青年報』를 시작으로 중국 언론이 이를 '한류'라 부르기 시작한 것이다.

서풍도 동쪽에서 불 때가 있다. 동양 문화와 서양 문화가 함께 유행하는 지금, 유행 가능한 것은 모두 붐이 되는 분위기다. 철갑으로 몸을 감싼 클론에 열광하던 일부 '한류' 마니아들의 손에는 지금 H.O.T의 홍보지가 가득 들려 있다.

문화체육부, 1999년 11월 19일자 『베이징청년보』 재인용, 『한류백서』, 2003

이와 함께 텔레비전 프로그램의 수출액이 1999년 1274만 달러, 2000년 1400만 달러로 급등하면서 한류는 한국에서도 본격적으로 인지되기 시작했다. H.O.T의 소속사 SM엔터테인먼트를 시작으로 한국의 예능기획사가 중국과 동남아시아의 한류를 시스템화하고 한국 정부가 이를 문화 정책의 대상으로 생각하게 된 것도 이 시기였다.

한류는 해방 이후 일관되게 "어떻게 하면 미국, 일본의 대중문화로부터 국내 산업을 보호할 것인가" 하는 문제에 집중해온 한국사회의 문화 월경에 관한 인식을 뿌리부터 흔드는 사건이었다. 또한 대중문화 자체에 관한 인식의 변화와 전략의 필요성이 요구되면서 일본 대중문화에 대한 인식과 전략의 변화 역시 그 연장선 위에서 다뤄지기 시작했다.

한류는 단순히 중국 젊은이들에게 우리나라 문화에 대한 호감을 심어주는 것에 그치지 않고 우리나라 상품의 중국 진출에 직/간접적인 도움을 주고 있다. (…) 우리 문화가 외국시장에서도 팔릴 수 있다는 가능성을 단적으로 보여주는 사례다. (…) 또 무조건 외국 문화상품의 수입을 막는 보호주의 정책만으로 국내 산업의 경쟁력을 키울 수 없다. 그동안 금기처럼 여겨졌던 일본 문화상품의 수입(제한: 필자)은 이미 더 이상 유지하기 어렵게 됐다. 결국 정부와 민간이 힘을 합쳐 우리 스스로 경쟁력을 키우는 수밖에 다른 길이 없다.

「21C 키워드는 문화」『매일경제』 2001. 1. 10.

이러한 시장으로부터의 충격으로 한류는 학문적으로도 동아시아 미디어 공간을 파악하기 위한 주요 테마로 부상했다. 개발에 의한 시장의 확대와 중산층의 등장에 의한 새로운 소비층의 부상을 경험한 동아시아 지역에서 일본 대중문화의 침투가 1990년대의 문화적 질서를 논하는 중요한 주제였다면,[22] 한류는 이전까지 일본 대중문화의 주변적인 소비국가에 불과했던 한국을 주요한 문화생산국으로 만들고 동아시아의 문화적 질서를 둘러싼 연구 경향을 크게 변화시킨 것이다. 한국의 한류 연구 초기에 해당하는 2003년에 그것을 '글로벌 지반 변동의 징후'로 이해한 문화인류학자 조한혜정은 한류에 대해 다음과 정의하고 있다.

'한류 열풍'이란 1990년 후반부터 중국을 위시하여 대만, 홍콩, 베트남 등의 주민, 특히 청소년 사이에서 번지고 있는 가요, 드라마, 패션, 관광, 영화와 같은 한국 대중문화를 향유·소비하는 경향을 말한다. 이는 초국적 자본의 이동을 포함한 다층적 이동 현상과 맞물려 일어나는 사건으로, 압축적 근대화 과정을 통해 나름의 경제력을 확보하게 된 동아시아의 주민들이 서양의 대중문화가 아닌 동아시아 지역의 대중문화를 향유함으로써, 스스로 인식의 주체가 되려는 강한 욕망을 내보이고 있는 의미심장한 움직임이다.

조한혜정 외, 「글로벌 지각 변동의 징후로 읽는 '한류 열풍'」
『'한류'와 아시아의 대중 문화』, 연세대학교 출판부, 2003, 2~3쪽

한류를 정의하는 이 문장 자체는 '한국'이라는 단어를 '일본'으로 바꿔 넣으면 1990년대 일본 대중문화에 관한 논의와 별반 다르지

않아 보인다. 그러나 한류론은 오히려 그 안에서 한류가 이전까지의 일본 대중문화의 확산과 무엇이 비슷하고 다른지를 구별하는 데에서 시작된다고 할 수 있다. 같은 주변적 존재로서 유사한 급속한 산업화를 경험한 나라인 한국 대중문화를 소비하는 아시아 지역의 시선과 욕망은 전후 냉전 체제 속에서 아시아 지역의 '중핵국가'로 존재해온 일본 대중문화에 대한 시선과 욕망과는 매우 다른 형태로 공유되었기 때문이다.

이러한 시선은 한국사회의 자기인식과도 깊이 연결되어 문화적 내셔널리즘과 포스트식민주의, 신자유주의 등과 같은 다양한 관점에 의한 한류론을 생산했다. 이 한류론을 구성했던 것은 '주변국 주민의 콤플렉스에 기초한 애국주의'23 '소아적 문화우월주의'24와 같은 지적처럼, "일본제 미디어 소프트 콘텐츠의 세계적인 보급을 오로지 국익과 연결해서 논하고자 하는 일본의 소프트 내셔널리즘"의 한국판이라고도 할 수 있는 한국 문화론과 이에 대한 (비교적 소수에 의한) 비판적인 대안 담론이었다. 이전까지 주로 '미국적인 것'과 '일본적인 것'을 수용, 모방하면서 형성된 한국 대중문화가 아시아 각국에서 활발하게 소비되는 것을 둘러싼 의미 투쟁이 본격화된 것이다. 그리고 한류를 통한 '한국적인 것'의 발견은 일본 대중문화에 대한 인식과 태도에도 커다란 변화를 가져와 새로운 시선과 전략을 부상하게 했다.

한일 문화 교류의 전환

삼성경제연구소는 2002년 보고서에서 문화 시장 개방에 관한 개별의 과제를 문화적 정체성, 개방의 폭, 자본의 유입, 콘텐츠의 유입, 사업자의 유입, 개방 후의 문화 정책, 개방 후의 해외 진출 등의 일곱 개 항목으로 분류하고 있다. 한류는 그중 '개방 후의 문화 정책'과 '개방 후의 해외 진출' 등의 측면에서 새로운 시선과 전략을 부여했다고 할 수 있다. 한류 초기였던 1997년부터 2002년 사이 한국 문화산업의 규모가 5조4000억 원에서 18조 원으로 급성장하자 중국과 동남아시아의 한류를 통해 문화 콘텐츠의 가능성을 확인한 한국의 문화 정책과 문화산업이 다음 단계로 관심을 기울인 것은 일본 시장이었다.[25]

이전부터 일본 시장의 규모는 일본 대중문화 개방 이후의 시장의 균형을 유지하기 위한 가장 중요한 조건으로 인식되었다. 2000년 삼성경제연구소의 보고서에 따르면 1999년의 일본 영화 시장 규모 1828억 엔을 기준으로 그 0.3퍼센트의 점유율만으로 개방에 따른 한국 영화 시장의 수입 감소액(최대 50억 원)을 만회할 수 있을 정도로 한일 문화 시장의 규모 차이가 상당했기 때문이다.[26] 한류는 이런 경제연구소들의 계산을 실현 가능한 것으로 바꾸어놓았다. 특히 1999년에 도쿄국제영화제 특별 초대 작품으로 소개되어 2000년에 일본에서 120만 명을 동원한 「쉬리」의 성공 이후, 일본 시장 진출은 한국 영화의 세계 시장으로의 진출 가능성을 확인하는 출발점으로 인식되었다.

1999년 11월 130만 달러에 일본 시장에 진출한 「쉬리」는 한국 영화 수출의 길을 연 주인공. 그 전까지만 해도 한국 영화는 몇만 달러를 부르는 게 고작이었다. 「쉬리」는 일본 외에도 스페인 러시아 독일 등 이십여 개국에 판매돼 총 230만 달러의 수출 성적을 거두었다. 올 초 한국 영화 관객 동원 신기록을 세운 「공동경비구역 JSA」는 「쉬리」 일본 판매가의 두 배에 달하는 200만 달러에 일본 시장에 팔렸고 독일에서도 이미 배급 오퍼를 받은 상태. 미국, 독일, 프랑스, 대만, 홍콩, 싱가포르에도 수출을 타진하고 있다.

「한국 영화 '대박꿈' 영근다」 『매일경제』 2001. 1. 10.

「쉬리」의 성공 이후 이어진 한국 대중문화의 일본 진출은 2004년 「겨울연가」로 본격적인 한류를 일으키면서 이전까지 한일 문화 교류에 있어서 한국 문화산업이 줄곧 가져왔던 문화적 약자로서의 인식과 자세를 크게 변화시키고 새로운 문화 담론과 실천을 생산해 냈다. 물론 일본에 대한 한국사회의 시선 변화를 매개한 것은 일본 시장의 규모가 가져온 이익만은 아니었다. 한국 문화상품이 일본에서 수용되고 한국에 대한 일본인의 인식과 감정이 크게 변화하면서 일본에 대한 전과는 다른 친근감이 한국인들에게 퍼지기 시작한 것이다.

여기서 말하는 친근감이란 미디어 대중문화를 통해 대중이 만나고 서로의 현대성을 대등한 입장에서 공유함으로써 생겨나는 감정을 의미하는데, 이는 이전까지 양국의 정치·경제의 수준에서 흔히 말하던 친근감과는 전혀 다른 것이다. 문화적 관계의 구축 과정에 있어 가장 중요한 작업이 "타자를 어떻게 정의할 것인가"라고 한다면, 한국 문화에 대한 일본 대중의 욕망이 한국에 대한 정의를 획기적으로 전환시킴으로써 구피식민자로서 또한 주변국으로서 가져왔던 한국사회의 인식과 감정 역시 급속도로 변화한 것이다. 즉 이전까지 문화적 침략을 두려워하던 문화적 약자로서의 불안으로부터 탈피하여 자본주의의 핵심이라고도 할 수 있는 문화상품을 전 지구적으로 유통시키기 시작한 한국의 새로운 경험은 일본에서의 '한국의 발견'뿐만 아니라 한국에서의 '일본의 발견'으로까지 이어졌다.

문화 교류와 문화전쟁의 사이에서

한류의 발견은 대중문화를 일약 국가 담론의 중심으로 위치시켰다. 2002년 FIFA 월드컵의 성공과 인터넷을 통한 새로운 정치적·문화적 움직임이 등장하고 삼성을 시작으로 한국 기업의 약진이 거듭되면서 대중문화는 한국을 대표하는 이미지로 인식되어 '국익'의 프레임 안에서 다뤄지기 시작했다. 특히 한류를 소프트파워로 인식하고 한류의 글로벌화를 통해 그 경제적·문화적 효과를 높이고자 하는 움직임이 정부의 적극적인 지지와 전략에 의해 활발하게 전개되었다. '동북아시아 시대'를 내건 노무현 정권이 2003년 6월에 한국 문화산업교류 재단을 설립하고 2004년 5월 '문화산업 정책 비전 실천 계획'을 통해 미국, 일본, 영국, 프랑스에 이은 세계 문화산업 5개 강국 진입을 선언했던 것 역시 그중 하나였다.

노무현 정권은 일본 대중문화 개방에 대해서도 전향적인 자세를 견지했다. 2003년 6월 일본 방문 때 노무현 대통령이 일본 대중문화 개방의 확대를 선언한 것에 대해 이창동 당시 문화부 장관은 다음과 같이 말했다.

"당초 우려했던 것보다 일본 대중문화 개방에 따른 충격이 미미하다. 오히려 다양한 문화와 소통하며 우리 문화산업의 경쟁력을 제고하는 데 도움이 됐다. 지금까지 세 차례에 걸친 일본 대중문화 개방이 우리 문화에 끼친 영향을 정밀 분석한 결과 이런 결론에 도달했다. 이를 테면 일본 대중문화를 개방한 이후 우리나라는 지금까지 일본에 77편의 영화를 수출하는 등 일본이 국산 영화의 주요 수출국으로 자리 잡았다. 전체적으로 역기능보다는 순기능이 많다고 본다."

「이창동 문화부 장관, "일본 대중문화개방 충격 미미"」
『한겨레신문』 2003. 6. 11.

이와 같은 정권의 자세는 2000년부터 이어진 공백기를 끝내고 2004년 1월 1일의 제4차 개방으로 이어졌다. 한국사회가 사실상 전면 개방을 받아들인 이 조치에 대한 기대와 염려의 목소리가 동시에 나왔으나 한국 애니메이션과 음악 관련 기업의 주가가 4~6퍼센트 상승하고, 영화 업계는 2~3퍼센트 하락하는 등 시장과 여론의 반응은 비교적 차분했다.[27] 이미 다양한 영역에서 합작이나 인적·기술적 교류가 활발하게 진행되고 일본 대중문화가 일상적으로 수용되고 있던 '교류의 시대'에 돌입해 있었기 때문에 일본 대중문화를 둘러싼 일부 불안과 위기감을 사회적인 것으로 키우는 움직임도 없었다. 오히려 일본 대중문화를 모방, 표절하던 한국 문화산업의 제작 관행을 버리고 한국 콘텐츠의 경쟁력을 높이는 기회로 여기고 이를 환영하는 목소리가 높았다. '금지의 시대'의 일본 문화가 한국사회에 있어 배제와 부인의 대상이었다면, '교류의 시대'의 그것은 수용과 경쟁의 대상이 되어 있었다. 다시 말해 일본 대중문화 금지의 정당성이 이 시점에서 모두 소멸되어 있었던 것이다.

일본 정부가 콘텐츠 산업 진흥을 국가 전략의 축으로 하는 이른바 '쿨저팬' 정책을 도입한 것도 그 이유 중 하나였다. 다음 문장에서 알 수 있듯 콘텐츠 산업 시장을 둘러싼 한일의 경쟁 체제가 이 시기부터 본격화되고 있었다.

예를 들어 한국과 중국은 이 분야의 발전을 국책으로 삼아 막대한 공적 자금을 투입, 각 시책을 실시하고 있으며 이미 일본을 제친 분야도 보일 정도로 실력을 갖추고 있다. (…) 구미 각국에서도 제작투자를 장려하는 세금제도와 국제영화제에 대한 적극적인 지원, 인적 육성 등을 위한 국가적 시책이 실시되고 있으며, 그 결과 양질의 콘텐츠가 제작되어 활발한 해외 비즈니스가 전개되고 있다. (…) 각 나라와의 경쟁에서 이기고 일본 문화의 발전을 통해 해외의 일본 이해를 증진시키기 위해서는 법적 대응을 시작으로 콘텐츠 산업 진흥을 국가 전략의 축으로 명확하게 위치시키고 발본적인 시책을 신속하고 적극적으로 전개해야 한다.

일본지적재산전략본부, 『콘텐츠 비즈니스 진흥 시책』, 2004, 23쪽

한편 「겨울연가」의 주인공 배용준에 의한 경제효과가 3조 원에 달하던 2004년, 한국 문화산업계는 강한 위기감을 느끼기 시작했다. 2000년 이후 급속한 성장을 계속하던 한류의 지속 가능성에 대한 의문이 제기되었기 때문이다. 아시아 시장에서의 일방적 수출 증가로 인한 한류에 대한 반감, 국내 문화산업의 허약한 기반, 콘텐츠 자체의 획일성 등이 주된 문제로 지적되었고,[28] 한류에 대한 인식과 방향성에 관한 반성적이고 비판적인 문제 제기가 이어졌다. 그것은 1997년 IMF 이후 신자유주의화가 급속도로 진행되는 데 따른 인식과 감정, 즉 문화가 자본의 논리에 동원되고 국익 수준에서 다뤄지는 것에 대한 불안과 경계심의 표출이기도 했다. 한류의 성격과 방향을 사회적으로 어떻게 규정할 것인가 하는 문제는 한국사회의 문화적 성격은 물론 일본을 포함한 동아시아에서의 문화적 관계를 구축해나가는 데 있어 빼놓을 수 없는 질문이었던 것이다.

최근 한류는 필리핀까지 확산을 이루는 한편으로, 중국과 대만에서는 한류 스타들이 인기와 돈벌이에만 연연한다는 비판 속에 그 파고가 잦아드는 추세다. 진정한 문화 교류의 중요성을 간과하고 경제 논리와 기능적 대처로 문화산업 규모 늘리기에만 급급, 한류의 계기성을 오히려 상실하고 있는 형국인 것이다. (⋯) 우리의 목표와 지향은

분명하다. '부재에서 실재로', 이제까지 동아시아 사회에 부재했던 평등 질서와 진정한 문화향수, 동북아와 세계 평화, 각국의 문화 다양성의 견지와 그것을 통한 상호 문화 수준의 진작, 그 실재의 문화기획. 미국 문화의 패권적 관철도 중화 문명의 화이관계, 조공과 책봉의 21세기적 전화도 아닌 다원 평등한 문화적 회통과 연대의 경로를 제대로 만들어가는 일이다.

「한류의 방향키를 잡아라」『한겨레21』 2004. 9. 15.

금지의 시대를 지나 교류의 시대에 진입한 한국과 일본은 국가와 자본이 주도하는 '소프트 내셔널리즘의 충돌'과 국가와 자본의 논리에 함몰되지 않는 '문화적 연대' 사이의 갈래에 서 있었다. 그리고 2005년 그 갈림길에서 한일국교정상화 40주년을 맞은 한일 정부는 2005년을 '한일 우정의 해'로 지정했다. 21세기의 한국과 일본은 65년 체제를 극복했는가. 그 답이 될 다음의 10년이 기다리고 있었다.

일본을 禁하다

'금지의 메커니즘'을 넘어서

일본 대중문화 금지의 의미

1990년대에 들어 「우주소년 아톰」은 한국의 하늘에서 모습을 감췄다. 그 대신 오리지널 「철완 아톰」이 정식으로 유통되어 날아들어왔다. 더 이상 아톰의 국적을 '부인'할 필요도, 그럴 수도 없게 되었기 때문이다.

그러나 한일의 공식적인 역사 위에서의 그 전환이 「우주소년 아톰」을 둘러싼 사람들의 기억과 감각까지 지워버린 것은 아니었다. 1960~1980년대 만화와 텔레비전을 통한 어린이들의 경험은 어디까지나 「철완 아톰」이 아닌 「우주소년 아톰」과 함께 축적되었기 때문이며 그 경험을 부인한다는 것은 많은 사람의 경험을 통째로 부정하고 삭제해버리는 것이 되어버리기 때문이다. 머리말에서도 말했듯, 「우주소년 아톰」과 관련된 이야기를 구조적이고 역사적으로 밝히는 것은 전후 한일의 문화적 관계는 물론 한국사회의 현대성 그 자체를 생각하는 데 있어서 매우 중요한 의미를 지닌다.

이러한 문제의식 위에서 지금까지 일본 대중문화 금지가 갖는 보편성과 특수성을 이해하고 또한 다양한 지정학적·정치적·경제적·사회적 조건과 함께 검토했다. 이제 마지막으로 물어야 하는 것은 수십 년간 이 '금지'가 수행됨으로써 무엇을 생산했는가 하는 문화적 효과에 관한 점이다. 지금의 양국관계와 앞으로의 과제를 위한 이 질문을 염두에 두고 일본 대중문화 금지의 성격과 의미를 정리해보자.

권력으로서의 '금지'

'금지'에 있어 가장 중요한 요소는 당연히 일본이라는 타자였다. 제1장에서 살펴본 대로 왜색 일소 운동이 일어난 해방 공간에서 일본 대중문화 금지는 일본으로부터의 문화적 해방, 즉 한국 문화에 대한 폭압적인 통제와 억압으로부터 벗어나기 위한 '정체성 정치'였다. 그러나 이 탈식민화 작업은 냉전이라는 질서 아래에서 산업적 근대화와 미국을 중심으로 한 한일관계의 재구축이 진행되면서 '복수의 정당성이 모순·갈등하는 역사적 구성물'로 구축되어갔다. 그것은 ① 구식민자의 문화적 영향력으로부터 탈각하고자 했던 당초의 정당성(탈식민화) ② 매스미디어의 글로벌화에 대한 로컬의 투쟁(문화 제국주의 비판) ③ 개발을 추진하는 신흥 독립국으로서의 경제적 전략(산업적 근대화) ④ 공적·사적 검열에 의한 권력의 중층적 작동(국민화) 등 복수의 정당성으로 중층화해나가는 과정이었다. 본문에서 살펴본 도시·미디어 공간의 실천과 그 속에서 사회적 (무)의식으로 나타난 여러 현상은 이 네 개의 정당성이 복잡하게 모순하고 갈등하면서 일본 대중문화 금지를 구성한 산물이었던 것이다.

한국 대중문화 산업이 성장하면서 일본 대중문화는 단순한 식민지 시대의 잔재가 아니라 새로운 문화적 침략으로 인식되었으나('문화 제국주의 비판'으로서의 정당성), 동시에 일본 대중문화를 미국 대중문화로부터 얻고자 했던 것과 같이 자본주의 문화의 하나의 모델로 인식했던 한국 대중문화 산업은 일본 대중문화를 배제하는 대신 국적을 지우고 적극적으로 모방, 표절하는 방법으로 산업적 성장을 꾀했다('산업적 근대화'로서의 정당성).

이 복수의 정당성이 관통하며 작동했던 것이 '부인의 메커니즘'이었다. 제2장에서 살펴봤듯이 텔레비전 방송을 중심으로 일본어, 일본 복장, 배경 등 왜색으로 인식되는 요소가 제거, 은폐, 수정된 일본의 프로그램이 유통되었던 것은 '금지'를 수행하는 방법이자 동시에 유입을 가능하게 하는 방법으로서의 '부인의 메커니즘'이 작동한 결과였다.

그러나 이러한 '부인의 메커니즘'은 문화산업에서의 실천의 수준만이 아니라 실제 한국사회의 심층적이고 광범위한 감정의 구조¹ 수준에서도 한국인의 (무)의식에 커다란 영향을 끼쳤다. 법 제도의 부재와 국가의 묵인으로 이루어진 미디어의 실천과 대중의 소비를 문제화하고, 이를 통해 불안과 위기감이 집단적으로 공유되는 것이 담론으로서의 일본 대중문화 금지를 구성하는 중요한 축이었기 때문이다. '금지'의 중요한 역할이 일본 대중문화가 유통, 소비되는 현실에 대한 국내의 인식과 감정을 공유하는 것이었다면 이러한 담론 공간에서의 '부인의 메커니즘'을 통해 '금지'가 사람들의 일상적 행동과 인식까지 침투하는 '권력화'[2]가 일어났던 것이다.

'금지의 메커니즘'으로부터 벗어나기

그렇다면 이와 같은 '부인'이 어떻게 가능했던 것일까. 그 답은 네 가지 정당성이 교차하는 '국민화'를 통해 이해할 수 있다. 이미 살펴본 대로 일본 대중문화가 월경하는 과정이 미군에 의한 미디어 대중문화의 보급과 자본주의 문화의 도입 과정과 교착하던 현실에서 '일본'만을 잘라내 엄격하게 금지한다는 것은 사실상 불가능한 일이었다. 새로운 현대성을 욕망하던 사람들은 미국과 일본의 것이 복잡하게 뒤섞인 다양한 대중문화를 일상생활에서 향유했으며 그것들을 모델로 한 자본주의 문화를 스스로 생산해나갔다. 산업적 근대화가 진행되고 중산층이 형성, 확장해나가면서 확대된 욕망이 여러 도시 미디어 공간을 통해 구체화되었고, 일본 대중문화 금지에 의한 국민화는 그러한 개개인 문화 생산자 혹은 문화 소비자의 경험을 '금지의 위반'으로 규정함으로써 그 혹은 그녀들을 '국민'으로 호명했다. 개인으로서 일본 대중문화를 접하고 내면화한 현대성에의 욕망을 국민으로서는 '부인'할 수밖에 없었던 것이다.

즉 식민지 시대의 유산을 구조적으로 이어받으면서 '65년 체제'를 통한 강고한 정치적·경제적 커넥션을 구축한 군사 독재 정권이 한편으로는 '반일'을 내걸고 왜색 금지곡과 같이 일본 대중문화 금지를 정치적 검열로 이용할 수 있었던 것은 탈식민화라는 당초의 정당성이 아니라 오히려 반공에 의한 금지와 결합한 국민화의 정당성이 보다 강하게 작용했기 때문이라고 할 수 있다. 물론 탈식민화에 있어서도 국민의 구축은 중요한 과정이었으나 여기서 말하는 국민이란 1960~1980년대 개발독재에 의해 규정, 동원, 구축된 것으로서의 의미를 갖는다. '부인의 메커니즘'이 가능했던 것은 일본 대중문화 금지를 둘러싼 여러 이해관계가 당초의 '정체성 정치'가 아닌 개발독재의 질서 아래 '국민'의 이익으로 전환되었기 때문이었다.

이러한 일본 대중문화 금지의 수행 과정은 결국 '금지'의 주체와 대상을 둘러싼 두 가지의 커다란 전복을 가져왔다. 하나는 한국 내부에서 일본 대중문화가 활발하게 유통, 소비되는 한편 한국 대중문화가 왜색으로 검열의 대상이 되고 경우에 따라서는 배제(금지)의 대상이 된 '실천의 수준에서의 전복'이고 다른 하나는 해방 공간에서의 일본으로부터의 문화적 해방, 즉 식민지 시대의 폭압적인 통제와 억압으로부터의 탈각을 시도한 '금지'의 주체였던 한국인들이 '금지'에 의해 오히려 공적·사적 검열의 대상이 되어버린 '정신의 수준에서의 전복'이었다. '탈식민화'가 타자(구식민자)를 새로운 위치로 규정짓고 대등한 관계를 구축함으로써 그 타자로서의 자유를 획득하는 것이라고 한다면 군사독재기의 국민화와 결합한 '금지'가 '부인의 메커니즘'을 통해 수행됨으로써 오히려 일본이라는 타자를 대중문화와 일상생활 안에서 항시 과도하게 의식하지 않으면 안 되는, '타자의 과잉에 의한 자기억압'이 생겨난 것이다.

이러한 맥락에서 보면 제3부에서 살펴본 1980년대 후반 이후의 일본 대중문화 금지의 해체 과정이 갖는 커다란 의미는 문화 정책이나 문화산업의 변화보다 오히려 제6장에서 소개한 유하의 시처럼 "미국 것이든 일본 것이든, 자신이 향유한 모든 것을 사랑했다고 선언하는 나", 즉 '부인하는 주체=국민'의 프레임으로부터 탈각하려는 주체의 출현일 것이다. 그리고 그 탈각이 일본 대중문화 금지에서 의미하는 바는 타자와의 상호 관계를 통해 존재하는 자신의 욕망을 굳이 억압하지 않고 '공적/사적 검열=담론적 권력'으로서 무의식 속에 작용해온 '금지의 메커니즘'으로부터 자유로워지는 것이고, 더 나아가 식민지 시대 이후 미군정과 군사·독재 정권을 거쳐 존속해온 '문화적 금지'의 족쇄로부터 다시 한번 탈식민화하는 것 아닐까.

한일의 문화적 관계를 재고하며

일본 대중문화 금지를 통해 알 수 있는 일본에 대한 한국사회의 '부인'은 단순히 국내에 한정된 것이 아니었다. 그것은 한국에 대한 일본 사회의 또 하나의 '부인'과 공명하면서 한일의 전후적 관계, 특히 '65년 체제'의 문화적 구조를 구성해왔다.

패전 이후 일본이 한국과 재회한 것은, 정치적으로는 '한일기본조약 반대 투쟁'을 포함한 한일국교정상화였고 경제적으로는 원재료의 확보와 판매 시장의 확대, 값싼 노동력과 공해산업의 이전을 실시하면서부터였으나,3 일본이 한국에 대해 문화적으로 본격적인 흥미를 보이기 시작한 것은 한국을 포함한 아시아 지역에서 일본 문화상품

일 본 을 禁 하 다

의 트랜스내셔널한 문화교통4을 발견한 1990년대 이후의 일이며, 그 문화적 관계에 적극적으로 나선 것은 한류가 일어난 21세기의 일이었다.

그전까지 일본에서 한국은 식민지 시대 이후 사회 안에 혹은 옆에 있는 타자가 아니라 줄곧 국가 차원의 정치적·경제적 관계에 한정된 '경계 너머의 타자'로 대상화되어왔다. 그리고 그 근저에 구피식민자에 대한 뿌리 깊은 무지와 무관심이 있었음은 이미 많은 논자가 지적한 대로다. 해방 이후의 한국에서 일본이라는 타자가 '과잉된 존재'였다면, 전후 일본에서 한국이라는 타자는 자이니치在日나 북한, 다른 아시아 국가와 마찬가지로 줄곧 '부재'해온 것이다.

이러한 '타자의 과잉'과 '타자의 부재'라는 억압이야말로 전후 한일의 문화적 관계를 설명하는 핵심이 아닐까. 20세기 한일이 '식민지 체제'와 '65년 체제'로 구축되었다고 한다면 1965년의 한일국교 정상화 이래 대중문화를 배제한 공식적 역사의 수준에서도, 서로의 존재를 줄곧 부인해온 (무)의식의 수준에서도, 한국과 일본은 단 한 번도 제대로 마주보지 않고 20세기를 통과해온 것은 아닐까. 냉전이라는 거대한 프레임 속에서 함께 미국을 욕망하고, 고도성장과 발전주의를 경험해왔음에도 불구하고 상호의 '현대'가 갖는 다양한 문제를 공감하고 공유하기를 꺼려한 두 나라의 억압된 포스트콜로니얼한 문화적 관계는, 그렇기 때문에 '65년 체제'로부터 완전히 벗어나지 못하고 있는 것 아닐까.

그렇다면 21세기에 들어 여러 문화 교류를 통해 서로에 대한 과

거에 없던 친근감을 느꼈음에도 불구하고 곧바로 과거에 없던 혐오
감에 휩싸여 있는 지금의 한국과 일본을 어떻게 이해할 수 있을까.
그 친근감과 혐오감의 격렬한 충돌은 두 나라가 '65년 체제'로부터
탈각하여 자유롭게 마주보기 위한 진통인가, 아니면 겨우 마주보기
시작한 타자를 또다시 부인하기 위한 새로운 '금지'의 시작인가.

한일국교정상화 50주년을 앞두고 사상 최악으로 불리는 한일관계를
보고 있는 지금 시기에 이 책을 통해 말하려는 것은 무엇인가. 이런
질문에 대해 우선 '전후 한일관계를 문화 월경의 측면에서 다시 읽
는 것'이라고 답할 수 있을 것이다. 패전과 해방 후에 다양한 정치적·
경제적 관계를 구축해온 한일이 '문화'의 측면에서는 어떠한 관계를
만들어왔는가 하는 문제, 즉 두 나라의 문화적 성격을 밝힘으로써
전후의 한일을 다시 살펴보고 싶었기 때문이다.

그리고 전후 한일의 문화적 구조의 메커니즘을 보여주는 중요한
문제로서 '일본 대중문화 금지'라는 현상에 주목하고 그 구축-수
행-해체의 과정을 통해 한국의 해방부터 90년대까지의 시기를 한
일의 문화적 단절기로 단정해온 공식적 역사에서는 읽어낼 수 없는
다양한 경험에 주목했다. 일본 독자들에게는 낯선 '왜색'을 둘러싼
금지의 형성 과정부터 금지의 해체와 한류 붐이 교차하는 시기까지

일본 대중문화와 관련된 다양한 제도와 실천, 담론의 양상은 끊임없이 존재해온 전후 한일의 문화적 다이나미즘을 상징적으로 또 구조적으로 보여주고 있다고 생각했기 때문이다.

해방 후에도 줄곧 한국에 월경해 들어왔던 일본 대중문화는, 수십 년간 유지된 '금지'에 의해 합법과 불법 어느 쪽에도 완전히 속하지 않는 애매한 공간에 방치되어왔다. 그 공간은 야시장과 같은 특수한 장소만이 아니었다. 오히려 사람들이 생활하던 도시 공간이었으며 일상적으로 향유하던 잡지, 텔레비전, 비디오 등의 미디어 공간이었다. 그러니까 일본 문화를 둘러싼 다양한 경험은 한국인들의 일상생활 그 자체와 결코 분리할 수 없는 것이었다.

한국이 대중소비사회로 진입하기 시작할 무렵에 서울에서 태어나 일본 대중문화가 월경하는 다양한 미디어와 함께 자란 나는 '금지'와 '월경'이 공존하는 것에 대해, 어느 때부터인가 잘 설명할 수 없는 위화감을 느끼기 시작했다. 그것은 일본이라는 타자에 대한 한국인의 감정과 태도에 관한 것이기도 했으나, 한국사회의 식민지 시대 청산의 문제, 미국을 중심으로 한 한일의 긴밀한 정치적·경제적 관계, 박정희 정권부터 전두환 정권에 이르기까지 개발독재기의 대중문화와 국민동원의 관계 등을 알게 되면 될수록, 그것이 단순한 구식민지 주민의 기질의 표출이 아니라 매우 구조적이고 역사적인 산물이라는 것을 깨닫기 시작한 것이다. 이 책의 주제인 "일본 대중문화 금지란 무엇인가"라는 질문은 그러한 위화감에서 시작되었다.

따라서 이 책을 통해 전후 한일의 문화적 구조를 밝히기 위해 필

일본을 禁하다

자가 줄곧 의식한 것은 수십 년간 축적된 일본 대중문화를 둘러싼 경험이 한국 문화 공간에 미친 의식적·무의식적 영향은 무엇인가라는 문제, 즉 전후 한일관계가 낳은 '문화적 효과'에 대해 생각하는 것이었다.

해방 후 한국 문화 공간이 미국과 일본 문화의 절대적인 영향과 함께 형성된 것은 이 책에서 살펴본 대로다. 그러나 미국 문화의 영향이 미국의 적극적인 지도와 한국인의 노골적인 욕망에 의한 것이었던 것과는 대조적으로, 일본 문화의 영향은 65년 체제로 대표되는 공식적인 한일관계에서 배제되고 그 유입 자체가 '부인'되는 가운데 침투한 것이었다. 아메리카니즘이 미군정기와 냉전 체제, 개발독재기를 통해 한국사회를 지배한 압도적 헤게모니였다고 한다면, 일본 대중문화의 트랜스내셔널한 월경은 그것을 향유하거나 인지하는 것에 대한 공적·사적 검열을 수반했다는 점에서 오히려 아메리카니즘보다 더 억압적인 것이었다고 할 수 있는 것이다.

나는 이 억압이 전후 한일관계의 문화적 성격을 파악하기 위한 핵심이라고 생각한다. 일본 문화를 둘러싼 한국 문화 공간의 제도와 실천, 담론은 식민지 청산과 산업적 근대화, 민주화, (포스트)냉전 체제로 인한 지정학적 관계, 한·미·일의 관계와 동아시아의 글로벌화 등 다양한 정치·경제·사회적 조건과 함께 구축되어 한국인의 인식과 감정에 작용했기 때문이다. 이 억압을 또렷이 드러내기 위해 나는 지금까지 한국의 탈식민화 작업의 일환으로 인식되고 내셔널리즘의 문제로 이해되어온 일본 대중문화 금지를 전후 동아시아의 지

정학적 조건과 한일관계가 깊이 작동한 '트랜스내셔널'의 문제로 전
도시켰다. 그럼으로써 한국사회의 문화적인 탈식민화 작업이 왜 식
민지적 억압을 재생산하게 되었는지를 역사적인 맥락에서 설명할
수 있다고 생각했다.

또한 나는 '국민'을 둘러싼 금지와 욕망이 낳은 억압이야말로 한
일국교정상화 50주년을 맞이하는 지금의 한일을 가장 잘 보여주고
있다고 생각한다. 국가와 자본, 대중은 물론 개개인에 의한 문화적
경험까지도 '국민'의 수준에 흡수되어 혐오와 반감에 의해 규정되어
버리는 지금의 기묘한 분위기는, 억압이라는 개념 말고는 설명할 수
없는 전후 한일관계가 낳은 문화적 산물에 다름 아니기 때문이다.

이미 눈치챈 독자도 있겠지만 이 책은 단순히 전후의 한국이 경
험한 억압만을 이야기하려는 것이 아니라 그 과정을 통해 미국과
동아시아 각국과의 관계 속에서 전후 일본이 경험해온 억압에 대해
서도 같은 질문을 던지고 있다. 미국을 중심으로 한 전후 질서 안에
서 일본은 구식민지들과 어떻게 만나왔는가? 거기에 다른 형태로
작용한 억압은 없었는가? 전후 일본에서의 미국이 한국에서의 미국
과 매우 유사한 형태의 힘으로 작동했다는 점, 일본의 미디어 대중
문화에 대해서도 다양한 검열과 금지가 작용해왔다는 점, 지금의 한
일이 고도성장이 낳은 다양한 문제를 공유하고 있다는 점 등을 고
려하면, '전후 한국의 이해'는 '전후 일본의 이해'이기도 한 것이다.

일본 대중문화 개방이 실시된 1998년부터 지금까지의 한일관계
의 극적인 변화가 보여주듯, 전후 질서 내에 이미 내재된 다양한 억

압과 제대로 마주보지 않고 그것을 뛰어넘는 것은 불가능할 것이다. '65년 체제'를 탈각하기 위해서는 이 체제가 남긴 문제를 공통의 문제로 공유하는 것 이외에 다른 방법이 없다. 그래서 이 책을 통해 나는 이렇게 묻고 싶었다. 전후 한일이 공유해온 공통의 '문제'와 그 안에 존재하는 여러 '만남'을 발견하여 그것과 마주봄으로써 국민국가에 억압되지 않는 주체로서의 관계를 구축하는 것은 불가능한 일인가.

좋은 의미로든 나쁜 의미로든 전후 한일은 전 세계 어느 나라보다도 많은 문제를 공유하는 인접국으로 존재해왔다. 그리고 그 문제들은 양국의 정부를 포함하여 정치의 긍정적인 힘이 거의 기능하지 않는 지금도 가차 없이 작동하고 있다. 물론 한일국교정상화 50주년을 전후로 한일관계는 다소 우호적으로 움직일지도 모른다. 그러나 정치가와 기업, 매스미디어의 힘에만 의존하는 지금의 상태에서 벗어나지 않는 한, 전후 한일관계에 의한 뿌리 깊은 억압으로부터 자유로워질 수 없을 것이다. 1990년대 이후 한국과 일본을 월경해온 관찰자로서, 이 책이 그 억압을 조금이라도 전복시켜 그 안에 숨겨져 온 '생산적인 힘'을 찾아내기 위한 하나의 재료가 되기를 진심으로 바란다.

이 책이 나오기까지 한 분 한 분 거명할 수 없을 만큼 많은 분으로부터 조언과 지원을 받았다. 내 연구와 생활을 지켜준 모든 분께 깊은 감사를 드린다. 그리고 마지막까지 편집자로서 인내심 깊게 지켜봐준 이와나미서점 히구치 요시즈미樋口良澄 씨에게 감사의 인사를 전한다.

2014년 8월 도쿄-서울 간 비행기 안에서

김성민

주

머리말

1 Robin Cohen, *Frontiers of identity: the British and the others*, London: Longman, 1994, p. 1

2 Fredrik Barth, *Ethnic Groups and Boundaries: the Social Organization of Culture difference*, Bergen: Waveland Press, 1969, p. 16

3 Philip Schlesinger, "On National Identity: Some Conceptions and Misconceptions", *Social Science Information* 26, 1987, pp. 139~142

4 Richard Collins, *Culture, communication, and national identity: the case of Canadian television*, University of Toronto Press, 1990

5 Hilary Tovey and Perry Share, *A Sociology of Ireland*, Dublin: Gill and Macmillan, 2000, p. 419

6 Richard Barbrook, "Broadcasting and national identity in Ireland", *Media, Culture & Society* 14, 2, 1992, pp. 208~210

7 Stuart Hall, "The Question of Cultural Identity", Stuart·Held, David·McLennan, Gregory ed., *Modernity and Its Futures*, Oxford Blackwell, 1992

8 데이비드 몰리·케빈 로빈스, 『방송의 세계화와 문화정체성』, 마동훈·남궁협 옮김, 한울아카데미, 1999, 287~288쪽

9 Homi K. Bhabha, 『文化の場所─ポストコロニアリズムの位相』, 本橋哲也ほか訳, 法政大学出版局, 2005, 261쪽

10 Linda Hutcheon, "Circling the Downspout of Empire: Post-Colonialism and Postmodernism", *ARIEL: A Review of International English Literature* 20-4,

1989

11 Weber 1922=1972: 55

12 金成玟, 『禁止と欲望―60-80年代開発独裁期韓国における日本大衆文化の越境』, 平成25年度東京大学博士学位論文, 2013을 참조

1장

1 Carl Schmitt, 『政治的なものの概念』, 田中 浩·原田武雄訳, 未來社, 1970

2 Susan Buck-Morss, 『夢の世界とカタストロフィ』, 堀江則雄訳, 岩波書店, 2008

3 데이비드 몰리·케빈 로빈스, 앞의 책, 288쪽

4 「왜색을 없이 하자」, 『동아일보』, 1948. 10. 14

5 森崎和江, 『異族の原基』, 大和書房, 1971

6 유선영, 「흩눈 정체성의 역사- 한국 문화현상 분석을 위한 개념틀 연구」, 『한국언론학보』 제43권 2호, 1998; 전재호, 「한국 민족주의와 반일」, 『정치비평』 9호, 2002

7 크리스 윌리엄스, 「변경에서 바라보다― 근대 서유럽의 국경과 변경」, 『근대의 국경/역사의 변경― 변경에 서서 역사를 바라보다』, 임지현 엮음, 김지혜 옮김, 휴머니스트, 2004, 55~60쪽

8 Cohen, 앞의 책; 지그문트 프로이트, 「トーテムとタブー」, 『フロイト著作集 第3巻文化·芸術論』, 西田越郎訳, 人文書院, 1969

9 이봉범, 「1950년대 문화 재편과 검열」, 『한국문학연구』 제34집, 2008, 388쪽

10 「일제품 불법수입을 엄금」, 『조선일보』, 1954. 3. 29

11 이봉범, 「1950년대 문화정책과 문화검열」, 『한국문학연구』 제37집, 2009, 416~424쪽

12 임지현, 「한반도 민족주의와 권력 담론: 비교사적 문제 제기」, 『당대비평』 통권 제10호, 2000, 198~199쪽

13 Edward Said, 『文化と帝国主義』, 大橋洋一訳, みすず書房, 1998, 407쪽

14 김동춘, 『근대의 그늘』, 돌베개, 2003, 103쪽

15 「신공화국탄생 전과 후(8) 왜색붐」, 『경향신문』, 1960. 12. 28

16 「광고-장편소설 그대 이름은」, 『동아일보』, 1960. 10. 15

17 권보드래·천정환, 『1960년을 묻다』, 천년의 상상, 2012, 516~517쪽

18 「매스컴 각 분야의 윤위대표자」, 『중앙일보』, 1967. 8. 1

19 김예림, 「1960년대 중후반 개발 내셔널리즘과 중산층 가정 판타지의 문화정치학」, 『현대문학의 연구』 32권 0호, 2007a, 328쪽

20 「문화적 식민지화의 방비- 일본의 색정문화를 막아라」, 『사상계』 133호, 1964. 4

21 김예림, 위의 글, 2007a, 369쪽

22 「문화적 식민지화의 방비- 일본의 색정문화를 막아라」, 『사상계』 133호, 1964. 4

23 김윤태, 「발전 국가의 기원과 성장- 이승만과 박정희 체제에 관한 역사사회적 연구」, 『사회와 역사』 56권 0호, 1999, 159쪽; 高崎宗司, 『検証日韓会談』, 岩波書店, 1996, 185쪽

24 문화교육부, 「한일문화교류방안」, 정문 70-1244, 1978. 8. 30(한국국가기록원 소장 자료)
25 『아사히신문』은 친일파의 의미를 다음과 같이 설명하고 있다. '친일파'라는 호칭은 현재만이 아니라 과거의 식민지 지배 아래 일본당국에 협력한 한국인에도 쓰이며 "민족을 배신했다"는 나쁜 인상이 따라붙는다.(2001. 8. 19) 즉 한국에 있어서 '친일'이라는 말은 일본에서 사용되는 '친일'과는 전혀 다른 의미를 갖는다. 이러한 맥락에서 이 책에서는 '친일'이라는 단어 대신 본래의 의미에 가까운 '식민지 협력자'라는 표현을 사용하고 있다. 다만 '친일 정권'의 경우에는 박정희 정권을 둘러싸고 실제로 사용되던 고유한 표현이기 때문에 그대로 표기했다.
26 강상중·현무암, 『大日本·滿洲帝国の遺産』, 講談社, 2010, 16쪽
27 강준만, 『한국 현대사 산책 - 1960년대편 2』, 인물과사상사, 2004, 125쪽
28 조희연, 『동원된 근대화』, 후마니타스, 2010, 249쪽
29 전재호, 「민족주의와 역사의 이용 - 박정희 체제의 전통문화정책」, 『사회과학연구』 7권 0호, 1998, 89쪽
30 유병용, 「박정희 정부와 한일협정」, 『1960년대 대외관계와 남북문제』, 백산서당, 1999, 47쪽
31 문옥배, 『한국 금지곡의 사회사』, 예솔, 2004, 17~18쪽
32 이영미, 『흥남부두의 금순이는 어디로 갔을까』, 황금가지, 2002, 177~178쪽
33 「현충사의 성역화와 동백아가씨 금지의 뒷사정」, 『한겨레신문』, 2005. 11. 11
34 Franz Steiner, 『タブー』, 井上兼行訳, せりか書房, 1970, 188쪽

2장
1 브루스 커밍스, 『한국전쟁의 기원』, 김자동, 역일월서각, 1986, 181쪽
2 염찬희, 「일상의 재편과 욕망의 미시정치학」, 성공회대 동아시아연구소 엮음, 『냉전 아시아의 문화풍경 1』, 현실문화연구, 2008, 443~445쪽
3 김동철, 「우리나라 방송법의 변천과정」, 『방송연구』 겨울호, 1995, 14~16쪽
4 김학재, 「정부수립 전후 공보부처활동과 냉전통치성의 계보」, 『대동문화연구』 74, 2011, 82쪽
5 염찬희, 앞의 책, 446쪽
6 이동연, 「식민지 내면화와 냉전기 청년 주체의 형성: 1945년~50년대 청년문화의 특이성 연구」, 성공회대 동아시아연구소 엮음, 『냉전 아시아의 문화풍경 1』, 현실문화연구, 2008, 22쪽
7 캐서린 H. S. 문, 『동맹 속의 섹스』, 이정주 옮김, 삼인, 2002, 37쪽
8 吉見俊哉, 「冷戦体制とアメリカの消費―大衆文化における戦後の地政学」, 小森陽一他編, 『冷戦体制と資本の文化-1950年代以降 1』, 岩波書店, 2002, 23쪽
9 대학은 독립 후 미국과의 관계가 형성되는 가운데 직접적으로 미국을 모방하고 이식한 대표적인 '제도'였다. 미국 유학의 경험을 중심으로 미국을 매개로 한 제도적 공간을 통해 유입된 미국 문화가 지식인/엘리트 문화로서 정착하고 한국사회에 '아메리카

나이제이션'으로 작용했다. 이선미, 「1950년대 미국유학 담론과 '대학문화'-『연희춘추』의 미국 관련 담론과 기사를 중심으로」, 『상허학보』 25, 2009, 238~239쪽

10 이선미, 「'미국'을 소비하는 대도시와 미국영화: 1950년대 한국의 미국영화 상영과 관람의 의미 1」, 상허학보 엮음, 『1950년대 미디어와 미국표상』, 깊은샘, 2006, 76~78쪽

11 염찬희, 앞의 책, 449쪽

12 青木深, 『めぐりあうものたちの群像-戦後日本の米軍基地と音楽 1945-1958』, 大月書店, 2013

13 신현준·허둥훙, 「냉전 초기 남한과 타이완에서 대중연예의 국가화 및 미국 대중문화의 번역: 1940년대 중반부터 1950년대 후반까지 대중음악을 중심으로」, 성공회대 동아시아연구소 엮음, 『냉전 아시아의 문화풍경 1』, 현실문화연구, 2008, 348쪽

14 이선미, 앞의 책, 2009, 237~238쪽

15 김예림, 「냉전기 아시아 상상과 반공 정체성의 위상학: 해방~한국전쟁 후(1945~1955) 아시아 심상지리를 중심으로」, 『상허학보』 20, 2007b, 394쪽

16 이봉범, 앞의 책, 2008, 394쪽

17 정종현, 「자유와 민주, 식민지 윤리감각의 재맥락화- 정비석 소설을 통해 본 미국 헤게모니하 한국 문화재편의 젠더정치학」, 권보드래 엮음, 『아프레걸 사상계를 읽다』, 동국대학교출판부, 2009

18 Peter J. Katzenstein, *A World of Regions: Asia and Europe in the American Imperium*, Ithaca, N. Y.: Cornell University Press, 2005 '제5장 Porous Regions and Culture'를 참조

19 외교부 대한민국 양자조약 정보. http://mofaweb.mofat.go.kr/inter_treaty_real. nsf/renewdate2search/B4ADCBD8B176CAC9492565FF0002D764?opendocum ent

20 외무부 아주국 일본담당관, 『한일본 문화교류 일반, 1978-1979』, 등록번호 11601-13522, 1978, 국가기록원 소장 자료

21 「횡성수설」, 『동아일보』, 1966. 11. 11

22 「신중한 한일연예물 교류를」, 『동아일보』, 1967. 1. 11

23 吉見俊哉, 앞의 책, 2002, 58쪽

24 김예림, 앞의 책, 2007a, 357쪽

25 「일제 신발을 신어야 하나?」, 『조선일보』, 1960. 12. 17

26 「부르스부터 록카빌리까지」, 『동아일보』, 1960. 8. 12

27 Giovanni Arrighi, 『長い 20世紀-資本, 権力, そして現代の系譜』, 土佐弘之監訳, 作品社, 2009, 516~517쪽

28 「일본 대중문화의 대량침투」, 『조선일보』, 1965. 3. 11

29 「한일 관계의 저류」, 『사상계』 122호, 1963. 6

30 「일본 트러블(6) 번지는 왜색무드」, 『동아일보』, 1964. 2. 6

31 대한민국 국회, 「제40회 국회외무위원회의록」 제6호, 1961. 1. 31

32 「다섯 세대에 한 대」, 『동아일보』, 1960. 5. 11

33 이순진, 「민주화운동과 문화: 한국전쟁 후 냉전의 논리와 식민지 기억의 재구성: 1950년대 문화영화에서 구축된 "이승만 서사"를 중심으로」, 『기억과 전망』 23, 2010, 93~94쪽

34 조항제, 『한국방송의 이론과 역사』, 논형, 2008; 임종수, 「한국방송의 기원」, 『한국언론학보』 48-6, 2004

35 「여적」, 『경향신문』, 1961. 12. 24

36 문화방송 30년사 편찬위원회, 『문화방송30년사』, 문화방송, 1992, 739쪽

37 「국산작품 위축에 채찍질」, 『경향신문』, 1962. 11. 6

38 「일본색채 외화 기준을 작성」, 『동아일보』, 1962. 11. 9

39 「일본색채」, 『동아일보』, 1963. 1. 28

40 김덕호, 「한국에서의 일상생활과 소비의 미국화 문제」, 김덕호·원용진 엮음, 『아메리카나이제이션』, 푸른역사, 2008, 122~158쪽

3장

1 Arjun Appadurai, 『さまよえる近代―グローバル化の文化研究』, 門田健一訳, 平凡社, 2004, 67~68쪽

2 「왜색의 잔재는 여전히 남아 있다」, 『조선일보』, 1948. 8. 15

3 부산문화방송, 『부산문화방송50년사』, 부산문화방송, 2009, 16쪽

4 노정팔, 『한국방송과 50년』, 나남, 1995, 183쪽

5 방송문화진흥회, 『해방 이후 한국방송의 형성에 관한 구술자료- 최창봉 편』, 방송문화진흥회, 2007a, 33쪽

6 Colleen Roach, "American Text books vs. NWICO History", in Gerbner, George and Mowlana, Hamid and Nordenstreng, Kaarle(eds.), The Global Media Debate: Its Rise, Fall, and Renewal, Newjersey: Ablex, 1993, pp. 35~36

7 Stuart Hall, 「ローカルなものとグローバルなもの―グローバル化とエスニシティ」, 『文化とグローバル化』, 山中弘·安藤充·保呂篤彦訳, 玉川大学出版部, 1999, 51쪽

8 박재용, 『한국 초기민간상업방송의 발전과정에 관한 연구』, 서울대학교 대학원 석사학위논문, 1993, 21쪽

9 부산문화방송, 앞의 책, 19쪽

10 부산문화방송, 앞의 책, 27쪽

11 박재용, 앞의 책, 21쪽; 부산문화방송, 앞의 책, 19쪽

12 방송문화진흥회, 앞의 책, 2007a, 112쪽

13 「상업방송의 개척을 자축」, 『방송』, 1965. 4. 11

14 「방송은 언론인가- 방송의 현실진단」, 『월간방송』, 1971. 5

15 「사무분담표」, 공보실, 1958. 1

16 임종수, 앞의 책, 382쪽에서 재인용

17 방송문화진흥회, 『해방 이후 한국방송의 형성에 관한 구술자료- 황정태 편』, 방송문화진흥회, 2007c, 11쪽

18 방송문화진흥회, 『해방 이후 한국방송의 형성에 관한 구술자료- 전용덕 편』, 방송문화진흥회, 2007b, 77~78쪽

19 문화공보부, 『문화공보30년사』, 문화공보부, 1979, 46쪽

20 오재경, 『平凡을 非凡으로: 竹圃吳在璟文選集』, 죽포문선집간행위원회, 2003, 171~172쪽

21 조항제, 앞의 책, 2008, 257~258쪽

22 강명구·백미숙, 『방송이념으로 공익 개념의 형성과 건전한 국민의 형성: '동원형 국가주의'를 중심으로』, 방송문화진흥회, 2005, 1쪽

23 「부산에 TV붐」, 『동아일보』, 1964. 10. 11

24 「부산에 일본TV붐」, 『경향신문』, 1962. 10. 22

25 노정팔, 앞의 책, 374쪽

26 「일본 텔레비전붐」, 『경향신문』, 1964. 1. 5; 『동아일보』, 1964. 10. 11

27 방송문화진흥회, 앞의 책, 2007c, 11쪽

28 결과적으로 일본 텔레비전 시청이 가능한 수상기를 갖고 있던 사람들의 강력한 반대에 부딪혀 주파수를 7에서 9로 변경해서 개국했다. 변경된 것은 채널뿐만이 아니었는데, 방송기재를 외국에서 도입할 수 없어 국내에서 조립/제작했기 때문에 출력이 당초의 계획보다 현저하게 떨어져 결국 영상출력 500와트, 음향출력 250와트로 방송을 개시해야 했고, 호출부호도 HLKE였다. 한국방송70년사 편찬위원회, 『한국방송70년사』, 1997, 395쪽

29 음성은 현지에서 파견된 한국의 중계팀이 국제 전화 회선을 통해 송신, 라디오 중계의 형태로 보내졌다. 즉 영상은 일본, 음성은 한국인, 이른바 '한일합작'의 형태였다. 한국방송70년사 편찬위원회, 앞의 책, 438쪽

30 최창봉, 「외국 TV가 한국 TV에 미친 영향」, 김우창 외 엮음, 『우리 문화의 진단과 반성』, 문예기술사, 1985, 369쪽

31 박재용, 앞의 책, 69쪽

32 「방송월평」, 『조선일보』, 1974. 6. 30

33 김창남, 『대중문화의 이해』, 한울아카데미, 2003, 207쪽

34 「부산에 일TV시청률 높다」, 『동아일보』, 1973. 4. 23

35 「시청률은 TBC가 5퍼센트」, 『중앙일보』, 1967. 8. 26

36 필자에 의한 인터뷰(2009년 8월 7~8일, 부산 보수동)

37 「방송무대」, 『방송』, 1964. 10. 21

38 필자에 의한 인터뷰(2009년 8월 7~8일, 부산 보수동)

39 송재극, 「방송기술의 변천」, 『방송연구』 41호, 1995, 137쪽

40 「부산, 마산, 울산 등에 컬러텔레비전 규제」, 『조선일보』, 1975. 11. 6

41 「남부지방에 일본영상확산」, 『동아일보』, 1974. 1. 17

4장

1 Sigmund Freud, 「否定」, 『フロイト全集 19』, 岩波書店, 石田雄一訳, 2002, 4~5쪽

2 Sigmund Freud, 「精神分析入門講義」, 『フロイト全集 15』, 高田珠樹訳, 岩波書店, 2012, 166~167쪽

3 Sigmund Freud, 「夢解釋」, 『フロイト全集 4』, 新宮一成訳, 岩波書店, 2007, 121쪽

4 오명석, 「1960-70년대 문화정책과 민족문화담론」, 『비교문화연구』 4, 1998, 123쪽

5 김문조·박수호, 「한국의 문화정책회고와 전망」, 『아세아연구』 40, 1998, 301쪽

6 조항제, 앞의 책, 2008, 218쪽

7 문화공보부, 앞의 책, 1979, 81~90쪽

8 문화공보부, 앞의 책, 1979, 208~209쪽

9 「시론」, 『월간방송』 제1권 3호, 1971년 7-8월호

10 조항제, 『1970년대 한국텔레비전의 구조적 성격에 관한 연구』, 서울대학교 언론정보학과 박사학위논문, 1994, 239쪽

11 이옥경, 「70년대 대중문화의 성격- 한국사회변동연구」, 『역사와 기독교』, 민중사, 1984, 257쪽

12 강준만, 『한국 현대사 산책- 1980년대편 1』, 인물과사상사, 2003, 54쪽

13 김주언, 「80년대 언론탄압」, 『사회비평』 3, 1989, 161~162쪽

14 구광모, 「우리나라 문화정책의 목표와 특성- 80년대와 90년대를 중심으로」, 『중앙행정론집』, 1998, 6쪽

15 조항제, 앞의 책, 2008, 219~220쪽

16 관리번호 BA0136835, 준영구 1963-1974 내무부 보안자료 2032. 3.-4264, 1971년 6월 7일 국가기록원 소장자료

17 「언론인 간담회에서 대일 경계심 촉구」, 『중앙일보』, 1966. 1. 21

18 「전환점에 선 한국의 좌표」, 『조선일보』, 1966. 1. 1

19 강명구·백미숙, 앞의 책, 2005, 14쪽

20 「어린이와 TV와 만화」, 『조선일보』, 1970. 5. 8

21 「아동프로그램의 현황도 성향분석」, 『방송윤리』, 1975년 8월호

22 「마징가Z 방영」, 『중앙일보』, 1975. 8. 7

23 「일본저질범람」, 『중앙일보』, 1975. 4. 5

24 대한민국국회, 「문공위원회회의록」, 1978. 10. 20

25 「TV외화 얼마 주고 사오나」, 『TV가이드』, 1981. 8. 15; 「푸대접 받는 어린이TV프로 외국선 어떻게 만드나」, 『동아일보』, 1982. 5. 4

26 방송문화진흥회, 앞의 책, 2007a, 417~418쪽

27 「입시폐지 첫 휴일 극장가 붐벼」, 『경향신문』, 1968. 7. 18

28 서현석, 『괴물 아버지 프로이트: 황금박쥐 요괴인간』, 한나래, 2009, 86~88쪽

29 조항제, 앞의 책, 1994, 44~46쪽

30 Sigmund Freud, 「ナルシシズムの導入にむけて」, 『フロイト全集 13』, 立木康介訳, 岩

波書店, 2010

31 「아직 왜색이 남아 있다니」, 『조선일보』, 1946. 1. 29

32 「의제별 타결 내용」, 『중앙일보』, 1967. 8. 11

33 「일본영화조건부수입허가」, 『조선일보』, 1967. 8. 5

34 「韓国の日本歌謡」, 『朝日新聞』, 1968. 9. 1

35 「일본문화감상회」, 『중앙일보』, 1969. 11. 8

36 「천연색 만화영화 손오공의 대모험」, 『경향신문』, 1970. 4. 16

37 「TV프로 맹랑한 만화영화 일색」, 『동아일보』, 1971. 9. 17

38 夏目房之介, 「東アジアに拡がるマンガ文化」, 青木保ほか編, 『メディア―言論と表象の地政学』, 岩波書店, 2003, 181~182쪽

39 조항제, 앞의 책, 1994; 박재용, 앞의 책 참조

40 문화체육부 보고서, 「일본대중문화 대응방안 연구」, 1994, 81~82쪽

41 김창남, 앞의 책, 2003, 155쪽

42 「시판 카세트테이프 80% 이상이 무허가/불량」, 『조선일보』, 1979. 9. 18; 「불법의 호황- 음반법 개정으로 본 업계실태」, 『조선일보』, 1980. 2. 24

43 한국에서 '불법음반'은 기성의 음반사에 의해 제작되지 않고 공연윤리위원회의 심의 없이 복제, 전파된 음반을 가리킨다. 김창남에 따르면 80년대의 맥락에서는 두 가지의 불법음반이 존재했는데, 하나는 거리에서 팔리는 '불법복제 음반'이고 또 하나는 정치적 이유로 검열을 피해 제작된 '민중가요음반'이었다.(김창남, 앞의 책, 159~160쪽) 이 두 불법음반은 정치적 통제와 소비주의가 공존하는 80년대를 상징적으로 보여주는 것이라 하겠다.

44 「대학가에 일본 유행가」, 『조선일보』, 1984. 10. 4

45 「왜색문화가 밀려온다」, 『중앙일보』, 1986. 8. 14

46 「유행하는 일본가요」, 『월간스크린』, 1984. 8

47 「한일 그로부터 20년」, 『중앙일보』, 1985. 6. 27

48 『방송심의』, 1985년 6월호

49 「젊은층에 파고드는 일본문화」, 『중앙일보』, 1984. 7. 9; 「일본문화- 뒷문으로 밀려온다」, 『동아일보』, 1986. 8. 14

50 「제3의 영상문화- 문 여는 비디오시대」, 『경향신문』, 1981. 10. 5; 「수입상품판매장」, 『동아일보』, 1979. 2. 15

51 「범람하는 외설 비디오」, 『월간스크린』, 1984. 3

52 「도시주점가 VTR 방영 성행」, 『동아일보』, 1979. 11. 20; 「호텔사우나는 외설 영화관」, 『경향신문』, 1981. 11. 5

53 전석호, 「비디오수용성의 연구과제와 전망」, 『정보사회 연구』 가을호, 1990, 68쪽

54 「일본만화대여로 왜색으로 물드는 동심」, 『조선일보』, 1981. 6. 26

55 「예능계에 비디오 쇼크」, 『경향신문』, 1984. 3. 19

56 「비디오저널」, 『월간 비디오』, 1986년 1월호

57 Christine Ogan, 'Cultural Imperialism by Invitation', *Media Development* 32, 1985, p. 1; 전석호, 앞의 책, 63쪽에서 재인용

5장

1 Saskia Sassen, 『領土・権威・諸権利―グローバリゼーション・スタディーズの現在』, 伊藤茂訳, 明石書店, 2011, 31~36쪽

2 이강로, 「한국 내 반미주의의 성장과정 분석」, 『국제정치논집』 44-4, 2004, 239~261쪽

3 「방송학자- 운영방식 재검토 주장」, 『조선일보』, 1988. 6. 12

4 「채널 2를 우리 몫으로 하자」, 『한겨레신문』, 1988. 5. 26

5 Philip Smith, *Cultural Theory: An Introduction*, Oxford: Blackwell, 2001

6 金成玫, 「鶴見俊輔と韓国の文化社会学」, 吉見俊哉編, 『文化社会学の条件』, 日本図書センター, 2014, 181~209쪽

7 Mike Featherstone, 『消費文化とポストモダニズム(上・下)』, 川崎賢一・尾川葉子・池田緑訳, 恒星社厚生閣, 1999

8 염찬희, 「1990년대 이후 한국 문화정책의 문화 이해 변화 과정」, 『민주사회와 정책연구』 16호, 2009, 214쪽

9 「금기 40년 철의 규제 완화」, 『경향신문』, 1988. 6. 2

10 데이비드 헬드 외, 『전지구적 변환』, 조효제 옮김, 창비, 2002, 580쪽

11 문화공보부, 앞의 책, 1979, 700쪽

12 「소설 '어쩌다, 크리스탈' 해적판 문제」, 『중앙일보』, 1981. 4. 21

13 「조용필의 돌아와요 부산항에」, 『중앙일보』, 1981. 1. 26

14 전영표, 『정보사회와 저작권: 지식・정보의 국제유통과 지적재산』, 법경, 1993

15 한승헌, 『정보화시대의 저작권』, 나남, 1994, 35쪽

16 「미 "컬러TV덤핑 판정 재심고려"」, 『중앙일보』, 1984. 3. 8

17 「한미쌍무협정으로」, 『중앙일보』, 1984. 12. 14

18 「외국인 저작권 보호 아직 이르다!」, 『중앙일보』, 1986. 5. 28

19 Michel Foucault, 『性の歴史 I 知への意志』, 渡辺守章訳, 新潮社, 1986

20 「EC-일개방 압력」, 『중앙일보』, 1987. 3. 12

21 한국간행물윤리위원회, 『일본복사만화 조사분석 및 한일 소년 소녀 만화잡지 비교』, 1991a, 9~10쪽

22 한국간행물윤리위원회, 『한국만화 유통구조 개선방안에 관한 연구』, 1991b, 46쪽

23 한국방송위원회, 『방송심의 사례집』, 1992

24 「한중문화교류 "봇물" 기대」, 『중앙일보』, 1992. 9. 1

25 「한국인/일 싫어하며 일본 문화 즐긴다」, 『중앙일보』, 1991. 4. 3

26 「위성방송 한국침투 규제요구」, 『중앙일보』, 1990. 3. 21

27 白石さや, 「東アジア大衆文化ネットワークと日韓文化交流」, 濱下武志・崔章集編, 『東ア

ジアの中の日韓交流』, 慶応義塾大学出版会, 2007; ケリ・フー, 「再創造される日本の
テレビドラマ—中国語圏ににおける海賊版 VCD」,『グローバル・プリズム—「アジアン・
ドリーム」 としての日本のテレビドラマ』, 平凡社, 2003

28 「한국 상륙 서두르는 일본대중문화」,『한겨레신문』, 1988. 9. 1

29 「일본의 재즈밴드 최초의 내한공연」,『한겨레신문』, 1996. 2. 9

30 통신개발연구원,『방송제작발전을 위한 연구』, 1990

31 「韓国で"モノマネ"番組横行」,『読売新聞』, 1993. 2. 3

32 「공윤위 공신력 "먹칠"」,『동아일보』, 1991. 3. 11

33 한국간행물윤리위원회,『일본복사만화 조사분석 및 한일 소년 소녀 만화잡지 비교』,
1990

34 「침체하는 국내만화업계」,『중앙일보』, 1993. 8. 22

35 「전통인가 왜색인가, 트로트의 근원논쟁가열」,『경향신문』, 1990. 8. 24

36 문화체육부, 위의 글, 196~197쪽

37 문화체육부, 위의 글, 198~199쪽

6장

1 「韓国の日本大衆文化開放 ハッピーエンドで」,『朝日新聞』, 1998. 11. 14

2 한범수,「문화체육관광- 일본대중문화」, 국가기록원(http://www.archives.go.kr/next/
search/listSubjectDescription.do?id=003611)

3 「전망, 일본문화개방과 한국의 광고계」,『월간 광고정보』, 1999년 4월호

4 문화관광부,『문화의 세기를 여는 우리의 약속』, 2000

5 「KAKEHASHI(日本が來る! 韓国文化事情: 5)」,『朝日新聞』, 1998. 9. 15

6 「공연- 그리운 전설의 귀환」,『씨네21』, 2009. 3. 12

7 「러브레터- 잘 지내나요?」,『월간 KINO』, 1999년 11월호

8 「일본대중문화개방 84.1%가 지지」,『한국대학신문』, 1998. 5. 11

9 「[YOU館]見守る韓国「史上最良の関係」に歴史教科書の火種」,『毎日新聞』, 2001. 2.
24

10 狩野聖子・土屋武志,「日韓歴史教科書問題の課題と展望」,『愛知教育大学教育実践総
合 センター紀要』, 第5号, 2002, 25~30쪽

11 「정부 日 역사왜곡 1차 보복 단행」,『연합뉴스』, 2001. 7. 12

12 「한일 합동 문화이벤트 역사교과서 왜곡으로 대부분 중단」,『동아일보』, 2001. 7. 18

13 「일본영화 러브레터, TV광고금지」,『연합뉴스』, 1999. 10. 23

14 「관객이 고른 1999년도 영화 베스트 10」,『월간 KINO』, 2000년 1월호

15 영화진흥위원회,「일본대중문화 3차 개방 내용 요약」; 문화정책연구원,『일본대중문화
개방의 영향분석 및 대응방안』, 2003

16 『매경 City Life』, 2001. 6. 7

17 「지명관 한일문화교류자문위원장 항의사퇴」,『동아일보』, 2002. 2. 17

18 「일본대중문화 국내방송 허용 기준 어디까지?」, 『한국일보』, 2002. 2. 18

19 「지명관 한일문화교류자문위원장 항의사퇴」, 『동아일보』, 2002. 2. 17

20 「일본대중문화 국내방송 허용 기준 어디까지?」, 『한국일보』, 2002. 2. 18

21 「일본방송 개방 거부감 줄었다」, 『오마이뉴스』, 2002. 8. 9

22 岩渕功一, 『トランスナショナル·ジャパン―アジアをつなぐポピュラー文化』, 岩波書店, 2003; 白石, 앞의 책 등 참조

23 조한혜정, 「글로벌 지각 변동의 징후로 읽는 '한류 열풍'」, 조한혜정 외 엮음, 『'한류'와 아시아의 대중문화』, 연세대학교출판부, 2003, 13~15쪽

24 이기형, 「탈지역적으로 수용되는 대중문화의 부상과 '한류현상'을 둘러싼 문화정치」, 『언론과사회』 13권 2호, 2005, 203쪽

25 삼성경제연구소 보고서, 「문화시장개방의 주요 이유와 대응전략」, 2002

26 삼성경제연구소 보고서, 「일본제품이 몰려온다」, 2000

27 「게임 영화 레코드업계, 일본문화 허용 두렵지 않다」, 『한겨레신문』, 2003. 9. 8

28 현대경제연구소 보고서, 「한류현상과 문화산업화전략」, 2004

맺음말

1 Williams, Raymond, *The Long Revolution*, Peterborough: Broadview Press, [1961]2001, pp. 64~65

2 Michel Foucault, 앞의 책, 36쪽

3 윤건차, 『한일근대사상의 교착』, 문화과학사, 2003, 290쪽

4 岩渕功一, 『グローバル·プリズム―「アジアン·ドリーム」としての日本のテレビドラマ』, 平凡社, 2003

참고문헌

강명구, 「국제화와 문화적 민주주의」, 『창작과 비평』 22호, 1994

강명구·백미숙, 『방송이념으로 공익 개념의 형성과 건전한 국민의 형성: '동원형 국가주의'를 중심으로』, 방송문화진흥회, 2005

강준만, 『한국 현대사 산책- 1980년대편 1』, 인물과사상사, 2003

————, 『한국 현대사 산책- 1960년대편 2』, 인물과사상사, 2004

구광모, 「우리나라 문화정책의 목표와 특성- 80년대와 90년대를 중심으로」, 『중앙행정론집』 12, 1998

권보드래·천정환, 『1960년을 묻다』, 천년의상상, 2012

김덕호, 「한국에서의 일상생활과 소비의 미국화 문제」, 김덕호·원용진 엮음, 『아메리카나이제이션- 해방 이후 한국에서의 미국화』, 푸른역사, 2008

김동철, 「우리나라 방송법의 변천과정」, 『방송연구』 겨울호, 1995

김동춘, 『근대의 그늘』, 돌베개, 2005

김문조·박수호, 「한국의 문화정책회고와 전망」, 『아세아연구』 40, 1998

김예림, 「1960년대 중후반 개발 1960년대 중후반 개발 내셔널리즘과 중산층 가정 판타지의 문화정치학」, 『현대문학의 연구』 32권, 2007a

————, 「냉전기 아시아 상상과 반공 정체성의 위상학: 해방~한국전쟁 후(1945~1955) 아시아 심상지리를 중심으로」, 『상허학보』 20, 2007b

김윤태, 「발전 국가의 기원과 성장- 이승만과 박정희 체제에 관한 역사사회적 연구」, 『사회와 역사』 56권 0호, 1999

김주언, 「80년대 언론탄압」, 『사회비평』 3, 1989

김창남, 『대중문화의 이해』, 한울아카데미, 2003

김학재, 「정부수립 전후 공보부처활동과 냉전통치성의 계보」, 『대동문화연구』 74, 2011

일본을 禁하다

노정팔,『한국방송과 50년』, 나남, 1995

데이비드 몰리·케빈 로빈스,『방송의 세계화와 문화정체성』, 마동훈·남궁협 옮김, 한울 아카데미, 1999

데이비드 헬드 외,『전지구적 변환』, 조효제 옮김, 창비, 2002

문옥배,『한국 금지곡의 사회사』, 예솔, 2004

박재용,「한국 초기민간상업방송의 발전과정에 관한 연구」, 서울대학교 대학원 석사학위 논문, 1993

방송문화진흥회,『해방 이후 한국방송의 형성에 관한 구술자료- 최창봉 편』, 방송문화진 흥회, 2007a

─── ,『해방 이후 한국방송의 형성에 관한 구술자료- 전응덕 편』, 방송문화진흥회, 2007b

─── ,『해방 이후 한국방송의 형성에 관한 구술자료- 황정태 편』, 방송문화진흥회, 2007c

브루스 커밍스,『한국전쟁의 기원』, 김자동 옮김, 일월서각, 1986

서현석,『괴물 아버지 프로이트: 황금박쥐 요괴인간』, 한나래, 2009

신현준·허둥훙,「냉전 초기 남한과 타이완에서 대중연예의 국가화 및 미국 대중문화의 번역: 1940년대 중반부터 1950년대 후반까지 대중음악을 중심으로」, 성공회대 동아 시아연구소 엮음,『냉전 아시아의 문화풍경 1』, 현실문화연구, 2006

송재극,「방송기술의 변천」,『방송연구』41호, 1995

신중현,『내 기타는 잠들지 않는다』, 해토, 2006

염찬희,「일상의 재편과 욕망의 미시정치학」, 성공회대 동아시아연구소 엮음,『냉전 아 시아의 문화풍경 1』, 현실문화연구, 2008

─── ,「1990년대 이후 한국 문화정책의 문화 이해 변화 과정」,『민주사회와 정책 연구』 16호, 2009

오명석,「1960-70년대 문화정책과 민족문화담론」,『비교문화연구』4, 1998

오재경,『平凡을 非凡으로: 竹圃吳在璟文選集』, 죽포문선집간행위원회, 2003

유병용,「박정희 정부와 한일협정」,『1960년대 대외관계와 남북문제』, 백산서당, 1999

유선영,「홑눈 정체성의 역사- 한국 문화현상 분석을 위한 개념틀 연구」,『한국언론학보』 제43권 2호, 1998

윤건차,『한일 근대사상의 교착』, 문화과학사, 2003

이강로,「한국 내 반미주의의 성장과정 분석」,『국제정치논집』44-4, 2004

이기형,「탈지역적으로 수용되는 대중문화의 부상과 '한류현상'을 둘러싼 문화정치」,『언 론과사회』13권 2호, 2005

이동연,「식민지 내면화와 냉전기 청년 주체의 형성: 1945년~50년대 청년문화의 특이 성 연구」, 성공회대 동아시아연구소 엮음,『냉전 아시아의 문화풍경 1』, 현실문화연구, 2008

이봉범,「1950년대 문화정책과 문화검열」,『한국문학연구』37집, 2009

이영미, 『한국대중음악사』, 시공사, 1998

───, 『흥남부두의 금순이는 어디로 갔을까』, 황금가지, 2002

이옥경, 「70년대 대중문화의 성격- 한국사회변동연구」, 『역사와 기독교』, 민중사, 1984

이선미, 「'미국'을 소비하는 대도시와 미국영화: 1950년대 한국의 미국영화 상영과 관람의 의미 1」, 상허학보 엮음, 『1950년대 미디어와 미국표상』, 깊은샘, 2006

───, 「1950년대 미국유학 담론과 '대학문화'- "연희춘추"의 미국관련 담론과 기사를 중심으로」, 『상허학보』 25, 2009

이성욱, 『쇼쇼쇼: 김추자, 선데이서울 게다가 긴급조치』, 생각의나무, 2004

이순진, 「민주화운동과 문화: 한국전쟁 후 냉전의 논리와 식민지 기억의 재구성: 1950년대 문화영화에서 구축된 "이승만 서사"를 중심으로」, 『기억과 전망』 23권, 2010

임종수, 「한국방송의 기원」, 『한국언론학보』 48-6, 2004

임지현, 「한반도 민족주의와 권력 담론: 비교사적 문제 제기」, 『당대비평』 통권 제10호, 2000

전석호, 「비디오수용성의 연구과제와 전망」, 『정보사회연구』 가을호, 1990

전영표, 『정보사회와 저작권: 지식·정보의 국제유통과 지적재산』, 법경, 1993

전재호, 「민족주의와 역사의 이용- 박정희 체제의 전통문화정책」, 『사회과학연구』 제7권 0호, 1998

───, 「한국 민족주의와 반일」, 『정치비평』 제2호, 2002

정종현, 「자유와 민주, 식민지 윤리감각의 재맥락화- 정비석 소설을 통해 본 미국 헤게모니하 한국 문화재편의 젠더정치학」, 권보드래 엮음, 『아프레걸 사상계를 읽다』, 동국대학교출판부, 2009

조한혜정, 「글로벌 지각 변동의 징후로 읽는 '한류 열풍'」, 조한혜정 외 엮음, 『'한류'와 아시아의 대중문화』, 연세대학교출판부, 2003

조항제, 「1970년대 한국텔레비전의 구조적 성격에 관한 연구」, 서울대학교 언론정보학과 박사학위논문, 1994

───, 『한국방송의 이론과 역사』, 논형, 2008

조희연, 『동원된 근대화』, 후마니타스, 2010

최창봉, 「외국 TV가 한국 TV에 미친 영향」, 김우창 외 엮음, 『우리 문화의 진단과 반성』, 문예기술사, 1985

캐서린 H. S. 문, 『동맹 속의 섹스』, 이정주 옮김, 삼인, 2002

크리스 윌리엄스, 「변경에서 바라보다─ 근대 서유럽이 국경과 변경」, 『근대의 국경/역사의 변경- 변경에 서서 역사를 바라보다』, 김지혜 옮김, 휴머니스트, 2004

한국방송70년사 편찬위원회, 『한국방송70년사』, 한국방송70년사, 1997

한승헌, 『정보화시대의 저작권』, 나남, 1994

青木 深, 『めぐりあうものたちの群像―戦後日本の米軍基地と音楽 1945―1958』, 大月書店, 2013

Arrighi, Giovanni, 『長い 20世紀―資本, 権力, そして現代の系譜』, 土佐弘之監訳, 作品社. 2009

Appadurai, Arjun, 『さまよえる近代―グローバル化の文化研究』, 門田健一訳, 平凡社, 2004

Barbrook, Richard, "Broadcasting and national identity in Ireland", *Media, Culture & Society* 14-2, 1992

Barker, Chris, *Global Television: an introduction*, Oxford: Blackwell, 1997

Barth, Fredrik, *Ethnic Groups and Boundaries: the Social Organization of Culture difference*, Bergen: Waveland Press, 1969

Bhabha, Homi K., 『文化の場所―ポストコロニアリズムの位相』, 本橋哲也ほか訳, 法政大学出版局, 2005

―――, "Introduction: Narrating the Nation," Bhabha, Homi K.(ed.), *Nation and Narration*, London: Routledge, 1990

Buck-Morss, Susan, 『夢の世界とカタストロフィ』, 堀江則雄訳, 岩波書店, 2008

Butler, Judith, 『ジェンダー・トラブル』, 竹村和子訳, 青土社, 1997

Cohen, Robin, *Frontiers of identity: the British and the others*, London: Longman, 1994

Collins, Richard, *Culture, communication, and national identity: the case of Canadian Television*, University of Toronto Press, 1990

Donnan, Hastings & Thomas. M. Wilson, *Borders: Frontiers of Identity, Nation and State*, Bloomsbury Academic, 1999

Douglas, Mary, 『汚穢と禁忌』, 塚本利明訳, 筑摩書房, 2009

Durkeim, Emile, 『宗教生活の原初形態 1』, 古野清人訳, 岩波文庫, 1941

―――, 『道徳教育論』, 麻生 誠・山村健訳, 講談社, 2000

Edensor, Tim, *National Identity: Popular Culture and Everyday Life*, Oxford: Berg, 2002

Featherstone, Mike, 『消費文化とポストモダニズム(上・下)』, 川崎賢一・尾川葉子・池田緑訳, 恒星社厚生閣, 1999

Freud, Sigmund, 「ナルシシズムの導入にむけて」, 『フロイト全集 13』, 立木康介訳, 岩波書店, 2010

―――, 「否定」, 『フロイト全集 19』, 石田雄一訳, 岩波書店, 2002

―――, 「精神分析入門講義」, 『フロイト全集 15』, 高田珠樹訳, 岩波書店, 2012

Foucault, Michel, 『性の歴史 I 知への意志』, 渡辺守章訳, 新潮社, 1986

―――, 「自己のテクノロジー」, 『自己のテクノロジー―フーコー・セミナーの記録』, 田村俶・雲和子訳, 岩波書店, 2004

Gillespie, Marie, *Television, Ethnicity and Cultural Change*, Psychology Press, 1995

Goldstein, Robert J, 『政治的検閲—19世紀ヨーロッパにおける』, 城戸朋子・村山圭一郎訳, 法政大学出版局, 2003

Harvey, David, 『ポスト・モダンの条件—知・社会・言語ゲーム』, 小林康夫訳, 水聲社, 1989

Hall, Stuart, "The Question of Cultural Identity", Stuart・Held, David・McLennan, Gregory ed., *Modernity and Its Futures*, Oxford Blackwell, 1992

———, 「ローカルなものとグローバルなもの—グローバル化とエスニシティ」, 『文化とグローバル化』, 山中弘・安藤充・保呂篤彦訳, 玉川大学出版部, 1999

Hutcheon, Linda, "Circling the Downspout of Empire: Post-Colonialism and Postmodernism", *ARIEL: A Review of International English Literature* 20-4, 1989

岩渕功一, 『トランスナショナル・ジャパン—アジアをつなぐポピュラー文化』, 岩波書店, 2001

———, 『グローバル・プリズム—「アジアンドリーム」としての日本のテレビドラマ』, 平凡社, 2003

狩野聖子・土屋武志, 「日韓歴史教科書問題の課題と展望」, 『愛知教育大学教育実践総合センター紀要』, 第5号, 2002

Katz, Elihu & Wedell, George, *Broadcasting in the Third World*, Cambridge, MA: Harvard University, 1977

Katzenstein, Peter J., *A World of Regions: Asia and Europe in the American Imperium*, Ithaca, N. Y.: Cornell University Press, 2005

姜尚中・玄武岩, 『大日本・満州帝国の遺産』, 講談社, 2010

ケリ・フー, 「再創造される日本のテレビドラマ—中国語圏ににおける海賊版 VCD」, 『グローバル・プリズム—「アジアン・ドリーム」としての日本のテレビドラマ』, 平凡社, 2003

金成玫, 「ローカルな禁止とグローバル化の力学—1980年代韓国における日本大衆文化禁止と国際著作権問題」, 『年報社会学論集』22, 2009

———, 「禁止と越境—50-70年代韓国釜山における日本の電波越境(spill-over)現象の文化的意味」, 『マス・コミュニケーション研究』76, 2010

———, 「文化的国境と想像された禁止—50-60年代韓国大衆文化における倭色の文化政治」, 東京大学大学院情報学環紀要, 『情報学研究』81, 2011

———, 「鶴見俊輔と韓国の文化社会学」, 吉見俊哉編, 『文化社会学の条件』, 日本図書センター, 2014

Laplanche, Daniel & Pontalis, Jean-Bertrand, 『精神分析用語辞典』, 村上仁監訳, みすず書房, 1977

森崎和江, 『異族の原基』, 大和書房, 1971

夏目房之介, 「東アジアに拡がるマンガ文化」, 青木保ほか編, 『メディア—言論と表象の地政

学』, 岩波書店, 2003

朴順愛・土屋禮子編, 『日本大衆文化と日韓関係―韓国若者と日本イメージ』, 三元社, 2002

Roach, Colleen, "American Text books vs. NWICO History", in Gerbner, George and Mowlana, Hamid and Nordenstreng, Kaarle(eds.), *The Global Media Debate: Its Rise, Fall, and Renewal*, New jersey: Ablex, 1993

Said, Edward, 『文化と帝国主義』, 大橋洋一訳, みすず書房, 1998

Sassen, Saskia, 『領土・権威・諸権利―グローバリゼーション・スアディーズの現在』, 伊藤茂訳, 明石書店, 2011

Schlesinger, Philip, "On National Identity: Some Conceptions and Misconceptions", *Social Science Information* 26, 1987

Smith, Philip, *Cultural Theory: An Introduction*, Oxford: Blackwell, 2001

白石さや, 「東アジア大衆文化ネットワークと日韓文化交流」, 濱下武志 崔章集編, 『東アジアの中の日韓交流』, 慶応義塾大学出版会, 2007

Schmitt, Carl, 『政治的なものの概念』, 田中 浩・原田武雄訳, 未來社, 1970

Stallybrass, Peter・White, Allon, 『境界侵犯―その詩学と政治学』本, 橋哲也訳, ありな書房, 1995

Steiner, Franz, 『タブー』, 井上兼行訳, せりか書房, 1970

高崎宗司, 『検証日韓会談』, 岩波書店, 1996

Tomlinson, John, 『文化帝国主義』, 片岡信訳, 青土社, 1997

Tovey, Hilary & Share, Perry, *A Sociology of Ireland*, Dublin: Gill and Macmillan, 2000

Turner, Jonathan H. & Alexandra Maryanski, 『インセスト―近親交配の回避とタブー』, 正岡寛司・藤見純子訳, 明石書店, 2012

Weber, Max, 『社会学の基本概念』, 清水幾太郎訳, 岩波書店, 1972

―――, 『法社会学』, 世良晃志郎訳, 創文社, 1974

Williams, Raymond, *The Long Revolution*, Peterborough: Broadview Press

Wilson, Thomas. M. & Donnan. Hastings, *Border Identities: Nation and State at International Frontiers*, Cambridge University Press, 2001

山田奨治, 『海賊版の思想-18世紀英国の永久コピーライト闘争』, みすず書房, 2007

尹 健次, 『思想体験の交錯―日本・韓国・在日1945年以後』, 岩波書店, 2008

吉見俊哉, 「冷戦体制とアメリカの消費―大衆文化における戦後の地政学」, 小森陽一他編, 『冷戦体制と資本の文化-1950年代以降 1』, 岩波書店, 2002

―――, 『親米と反米―戦後日本の政治的無意識』, 岩波新書, 2007

일본을 禁하다

초판 인쇄 2017년 7월 17일
초판 발행 2017년 7월 24일

지은이·옮긴이 김성민
펴낸이 강성민
편집장 이은혜
기획 노만수
편집 박은아 곽우정 한정현 김지수
편집보조 임채원
마케팅 이연실 이숙재 정현민
홍보 김희숙 김상만 이천희
독자모니터링 황치영

펴낸곳 (주)글항아리 | 출판등록 2009년 1월 19일 제406-2009-000002호
주소 10881 경기도 파주시 회동길 210
전자우편 bookpot@hanmail.net
전화번호 031-955-8891(마케팅) 031-955-1936(편집부)
팩스 031-955-2557

ISBN 978-89-6735-435-0 03300

글항아리는 (주)문학동네의 계열사입니다.

이 도서의 국립중앙도서관 출판시도서목록(CIP)은 서지정보유통지원시스템 홈페이지
(http://seoji.nl.go.kr)와 국가자료공동목록시스템(http://www.nl.go.kr/kolisnet)에
서 이용하실 수 있습니다. (CIP제어번호 : CIP2017016623)